Éclairage de la Construction

Solange Sudarskis

7

Vagabondages maçonniques

TABLE DES MATIÈRES

NB. Pour épargner le lecteur souhaitant accéder aux références de la documentation sur le web, des liens avec frappe au clavier simplifiée ont été créés avec le logiciel *tinyurl.com*.

1 RUCHE, ABEILLE, MIEL

L'anthropomorphisation de la ruche, métaphore d'un corps social, en l'occurrence ecclésiastique apparaît au XVIe siècle. Le clergé de l'Église va répandre son évangile, pollinisant les cœurs et les esprits des masses, transformant leur spiritualité est considéré comme une ruche.

Les calvinistes n'ont pas manqué de reprendre cette allégorie pour moquer et dénoncer le pouvoir papal. Comme on le voit sur le frontispice de son pamphlet *La Ruche romaine*. La ruche a évidemment la forme de la tiare trirègne du pape comme l'attestent les clés de Saint-Pierre, mais elle surmontée ici d'un croissant très musulman... Elle symbolise le pouvoir du roi des abeilles-pontife, son palais romain vers lequel convergent des abeilles-clercs.

Dès le XVIIe siècle, le symbole de la ruche est employé dans un sens relatif à l'architecture et au labeur.
Puisant dans le corpus maçonnique, les artisans et les brodeurs ont utilisé des éléments historiques, sociaux ou

symboliques, différents selon les époques et les pays. En France, la fin du XVIIIe siècle voit le recours à la symbolique du Temple, le Directoire à celle de la vogue de l'égyptomanie (sphinx, pyramides,…), l'**Empire à celle des abeilles ou de la ruche.**

Le symbole de la ruche qui ornait la couleur de la *Fédération Compagnonnique de tous les Devoirs Réunis* – qui représentait tout à la fois le travail des Compagnons et leur lieu de réunion, autour de la Mère – était connu des compagnons par le biais des associations de secours mutuels depuis les années 1830-1840.

Reliée à l'ordre et à l'autorité dans l'organisation et la structure des choses, la ruche renvoie à des notions de hiérarchie légitime, de commandement, de distribution des rôles, de règlements relatifs à une collectivité, d'esprit de collaboration. Chaque membre d'une communauté doit exercer son activité spécifique et jouer son rôle particulier conformément à sa compréhension et à ses moyens réels, à sa mission et à son rythme évolutif. En effet, le bien de l'ensemble dépend du respect des individus entre eux et du but commun, fondé sur la fraternité et la solidarité. Les francs-maçons sont des abeilles dans la ruche qu'ils ont choisie. Les rites/rituels et cérémonies mobilisent, canalisent et orientent l'énergie collective, pour transférer sur le plan conscient, les bases sur lesquelles s'édifient, se structurent et s'harmonisent les communautés. «*On pourrait voir dans la loge un lieu de pollinisation mutuelle, chaque parole qui s'y échange contribue à une mellification commune que favorise le silence, et chacun en tirera le profit qui lui est singulier*»[1].

Au XIXe siècle, presque toutes les grandes loges d'Amérique ont officiellement approuvé les tapis de Loge de John Sherer et recommandé à chaque loge subordonnée d'en acheter un comme aides pédagogiques pour le Vénérable Maître afin d'instruire les impétrants. Sur celui de Maître, Sherer y illustre l'Église (*ruche*) soutenue par les quatre piliers du Nouveau Testament: Matthieu, Marc, Luc et Jean sur *The Master's Carpet*. «La fleur sous la ruche est un dianthus, nommée ainsi par le botaniste grec Théophraste, signifiant «fleur de Dieu». À gauche, la ruche est entourée de céréales et de marguerites symbolisant St. Jean l'évangéliste. À droite, le millepertuis représentant St. Jean-Baptiste, accompagné de deux roses et d'un bouton de rose pour Marie-Madeleine, la Vierge Marie et un enfant.»[2]

Ruche, c'est le nom donné à la loge qui se scinde pour permettre la création d'une nouvelle loge dans la même obédience, on parle d'essaimage.

L'Abeille est un symbole solaire. Elle représente la sagesse, l'immortalité et la richesse. Elle est le lien social, le dévouement, le courage jusqu'à la mort, le labeur personnifié.
Au Moyen Âge, on parle du «chant» de l'abeille, chant véritablement sacré puisque que l'abeille porte en elle une parcelle de l'Intelligence divine. Rassemblées en essaim

---

[1] *Dictionnaire buissonnier de la Franc-maçonnerie*, Annick Drogou, Jean-Marc Petillot, Numérilivre.
[2] <tinyurl.com/tapis-de-maitre>.

ou dans une ruche, ces milliers de parcelles se trouvent reliées entre elles pour ne former qu'un seul corps — le corps mystique du Christ — dont la tête est le roi (la reine). L'ensemble est une allégorie de l'Église qui, selon l'enseignement de Saint Paul, possède à sa tête le Christ-Roi. La communauté des abeilles est donc un symbole de retour à l'unité et de réunification.

En hébreu, le mot pour dire abeille dvora ou Débora (ובדרה) possède la même racine que dabar (דבר), la «parole», raison pour laquelle les kabbalistes rapprochent l'abeille et le bourdonnement de la ruche du Verbe créateur. On notera qu'en hébreu le mot désert s'écrit «midbar», avec comme racines les mêmes lettres daleth beth et reich. Avec ces mêmes racines, l'hébreu écrit, entre autres, les mots: *dabar* qui signifie certes la parole, mais aussi la peste; *dvora*, l'abeille et *doberot*, les radeaux sur lequel furent amenés les bois de cèdre depuis le Liban pour construire le Temple de Salomon. Leur point commun? C'est le mouvement, le passage d'un point à un autre, le fait de transmettre.

Chaque âme vivante est une abeille qui voyage à travers la vie et recueille le pollen de la sagesse des environnements et des expériences de la vie. «Un ancien philosophe a dit un jour que l'abeille extrait le miel du pollen de la fleur, tandis que de la même source l'araignée extrait le poison. Le problème auquel nous sommes alors confrontés est: sommes-nous des abeilles ou des araignées? Transformons-nous les expériences de la vie en miel, ou les changeons-nous en poison? Beaucoup de gens deviennent aigris par l'expérience, mais le sage prend le miel et le construit dans la ruche de sa propre nature spirituelle»[3].

Selon Champollion, l'abeille était le symbole de la royauté et celui de l'inspiration sacrée; le miel représentait l'initiation et les discours sages.

Le miel est donc un symbole de connaissance, du savoir et de la sagesse. Il est l'aliment réservé à l'initié.
Le miel est utilisé pour illustrer les enseignements moraux. Un homme est exhorté à manger du miel et du rayon de miel (Proverbes;24,13), mais mis en garde contre l'excès (Proverbes;25,16 et 27). C'était une comparaison pour la douceur morale (Ezé; 3,3), et pour l'excellence de la loi (Ps; 19,10), des paroles agréables (Proverbes; 16,24), et des lèvres (Cantique des cantiques; 4,11), et comme une figure d'amour (Cantique des cantiques; 5,1).

Ce rapprochement entre le miel et la parole juste et bienveillante est bien illustré dans le **rituel d'adoption** du louveton/louveteau (d'au moins 7 ans) rapporté par Jean Marie Ragon dans *Liturgie maçonnique. Rituel d'adoption de jeunes louvetons* de 1860[4]: «Il leur **met du miel sur les lèvres:** que votre bouche ne profère que des paroles amies, douces comme le miel! Que la colère et la calomnie ne viennent jamais la salir de propos inconvenants et injurieux! Que votre langue ne serve jamais à proférer contre vos semblables des cris de domination ni des accents de vengeance et de mépris!

---

[3] <tinyurl.com/miel-et-ruche>.

[4] Jean Marie Ragon, *Liturgie maçonnique. Rituel d'adoption de jeunes louvetons*: <tinyurl.com/rituel-adoption>.

Abhorrez le mensonge». (p13). On remarquera, que c'est avec du vin que sont touchées les lèvres du louveton de moins de 3 ans lors du **rituel de baptême maçonnique** avec de semblables exhortations: Le Vénérable allume le flambeau du troisième candélabre, fait apporter le verre déposé sur l'autel et qui **contient du vin**, le remet au parrain, y trempe l'index qu'il porte ensuite **sur les lèvres** du louveteau et dit: «Que ta bouche ne soit jamais souillée par le mensonge, mais que tes lèvres s'ouvrent pour proclamer hautement la vérité; que ta voix retentisse hardiment pour la défense du malheur et de l'innocence contre l'oppression, qu'elle porte la consolation et la paix dans le cœur de tes semblables et la terreur dans l'âme du méchant»[5].

Lorsqu'il est dit dans le Cantique des cantiques (4.11): *Le miel et le lait sont sous la langue*, cela peut vouloir dire que le langage dissimule puis révèle l'infinie douceur et l'infinie valeur nutritive de la pensée spirituelle. Le miel et le lait étant des métaphores de la Thora écrite et de la Thora orale. Cette pensée est pleinement humaine mais aussi pleine de D. lorsqu'elle en respecte la Discrétion et fait de sa Loi une nourriture; le lait est appelé *h'eleb* parce qu'il vient du *leb* (cœur); il est mêlé au miel, né des allées et venues, du suc de fleurs mélangé au suc d'autres fleurs, par un tisserand de douceur, l'abeille qu'on appelle en hébreu *débora*, celle qui tisse le *dabar*, la parole qui irrigue la pensée vers les cieux des cieux. «D'une fleur à l'autre, elle est, entre Ciel et Terre, passeuse de vérités. À travers les résines et pollens, elle collecte les histoires, les richesses, les souffrances, les parfums de la Terre dont le

---

[5] p.40 d'un article de Mangeant dans la revue *Le soleil mystique: journal de la maçonnerie universelle* de 1853: <tinyurl.com/bapteme-maconnique>.

végétal porte la trace», transformant ainsi la ruche en une bibliothèque de la nature qu'elle alchimise en miel»[6].

Le miel était le sucre de l'Antiquité gréco-romaine. La tradition grecque veut que Pythagore s'en soit nourri sa vie durant. Le miel est une nourriture céleste qui a le pouvoir de nier la mortalité, une ambroisie digne des poètes et des saints.

Peu après la naissance de Platon, ses parents prirent le bébé et le déposèrent sur les pentes du mont Hymette, l'abandonnant momentanément pendant qu'ils sacrifiaient pour lui aux dieux de l'endroit. S'approchant de l'enfant qui reposait, des abeilles emplirent sa bouche de rayons de miel afin que l'on puisse dire de lui à juste titre: «de sa langue coulait une parole plus douce que le miel». en référence à Nestor à l'harmonieux langage, Nestor, éloquent orateur de Pylos, qui laissait couler de ses livres des paroles aussi douces que le miel». (Homère, *Iliade chant I, vers 249*[7], décrivant la sagesse du vieux Nestor qui incita Agamemnon à la paix).

On attribue au miel des pouvoirs conservateurs; ce rôle trouve son expression la plus forte dans une technique d'embaumement consistant à envelopper le cadavre de miel et de cire. L'hydromel des Celtes et des dieux grecs, à base de miel, n'était-il pas le breuvage d'immortalité?

Le miel ne pose-t-il pas la question «**mi El?**», «qui est Dieu?» par glissement phonétique vers l'hébreu (מי אל)? **La réponse est peut-être, en hébreu,** dans la valeur numérique du mot «miel», devach (ד ב ש) qui est

---

[6] Pierre-Olivier Bannwarth: < tinyurl.com/messager-divin>.

[7] Homère, *Iliade chant I, vers 249*: <tinyurl.com/Homere-Iliade>.

identique (306) à celle du mot «feu», haesh (הָאֵשׁ) et au **mot femme**: icha (אִשָּׁה)!

2 LES MÉTAMORPHOSES DE LA PIERRE

Si au XVI⁰ siècle on utilise l'expression « pierre souvent remuée de la mousse n'est vellée » (au sens de revêtue), il faut remonter à la Rome antique, au II⁰ siècle après J.-C., pour en trouver l'origine. Lucien de Samosate aurait écrit *«saxum volutum non obducitur musco»* («la pierre roulée ne se recouvre pas de mousse»). Je retiendrai de ce proverbe la signification suivante: la persévérance et la stabilité sont des éléments de conservation, tandis que l'agitation et l'inconstance ruinent et déconsidèrent les individus. N'est-ce pas une façon d'évoquer le constant engagement auquel la Franc-maçonnerie nous incite?

En hébreu, la pierre, *Eben*, est un mot composé des lettres alef, beth, noun, (א ב ן). Alef est la lettre de l'unité non encore manifestée, de valeur 1, elle est de ce fait ce qui était avant le commencement. La lettre beth, deuxième lettre, symbolise la demeure, le monde créé. La lettre noun symbolise l'homme. *Eben*, la pierre, signifierait: la transcendance trouve ta demeure dans la pierre pour se révéler à l'homme.

Les pierres portent des noms fort différents selon leur formes dans la carrière et d'autres aussi nombreux selon leurs façons. On entend par «façon» la première forme que reçoit la pierre, lorsqu'elle sort de la carrière pour arriver au chantier, ainsi que celle qu'on lui donne par le secours de l'appareil, selon la place qu'elle doit occuper dans le bâtiment.

Pour découvrir les méthodes de maçonnerie, mais surtout les différentes formes de pierres si brièvement simplifiées par les mots de pierre brute, pierre taillée ou cubique si chères à la Franc-maçonnerie, la liste est si longue que l'on se rendra directement dans le remarquable article du tome 9 de *L'Encyclopédie de Diderot et D'Alembert*, au terme de «Maçonnerie»[8]. Quant au mot «pierres», il fait l'objet d'une érudition indépassable des pages 574 à 603 dans le tome douzième de ce même ouvrage[9].

À remarquer qu'en hébreu les mots «monument» et «brique» ont la même valeur guématrique 107.

Deux grands courants initiatiques du perfectionnement de l'être sont proposés par la Franc-maçonnerie: la Franc-maçonnerie chevaleresque et **la Franc-maçonnerie des constructeurs pour laquelle, on s'en doute, la pierre constitue un symbole central.**

Avant de s'intéresser aux transformations du maçon/pierre au cours de son évolution maçonnique, examinons quelques pierres particulières non sans rapport avec la construction.

---

[8] 1re éd. 1751, p. 809-836: <tinyurl.com/encyclopedie-Diderot-T9>.

[9] <tinyurl.com/encyclopedie-Diderot-T12>.

La Pierre angulaire

Lapis reprobatus caput anguli, c'est la pierre rejetée, évoquée dans le psaume 118, reprise par les Évangiles et des Épitres, qui la rapprochent du Christ lui-même: «la pierre qu'avaient rejetée les bâtisseurs et qui est devenue la pierre d'angle».

Parmi les Anciens, la pierre angulaire d'édifices importants fut posée avec des cérémonies impressionnantes. Ceux-ci sont bien décrits par Tacite dans l'histoire de la reconstruction de la capitale. Après avoir détaillé les cérémonies préliminaires qui consistaient en une procession de vestales, qui avec des chapelles de fleurs couvraient le sol et le consacraient par des libations d'eau vive, il ajoute qu'après la prière solennelle, Helvidius Priscus, à qui le soin de reconstruire le Capitole avait été confié, «posa sa main sur les filets qui ornaient la pierre angulaire, et aussi sur les cordons par lesquels elle devait être attirée vers sa place. En cet instant, les magistrats, les prêtres, les sénateurs, les chevaliers romains et un certain nombre de citoyens, tous agissant avec un effort et des démonstrations générales de joie, saisirent les cordes et entraînèrent la lourde charge jusqu'à son lieu destiné. Ils jetèrent ensuite des lingots d'or et d'argent, et d'autres métaux qui n'avaient jamais été fondus dans la fournaise»

La pierre angulaire a une forme spéciale et unique, qui la différencie de toutes les autres. Son utilisation ne peut être comprise que par une catégorie spéciale de constructeurs, ceux qui sont passés de l'équerre au compas, de la forme carrée à la forme circulaire.

Il s'agissait d'une pierre en **situation basse**, une pierre qui fait lien à l'angle de deux murs pour en assurer la cohésion. C'est en ce sens que le texte l'évoque aussi comme un fondement. La reprise néotestamentaire va dans le même sens: le Christ est la pierre d'angle sur laquelle nous pouvons désormais bâtir un nouveau Temple, fait cette fois de «pierres vivantes». L'apprenti entrant placé en tête de la colonne du nord, à cet angle-là, participe de la re-fondation permanente de la Franc-maçonnerie.

La pierre angulaire devient une **clef de voûte** (*keystone*) **au sommet d'un arc** dont elle assure l'achèvement. Par sa forme aussi bien que par sa position, elle est effectivement unique dans l'édifice tout entier, et symbolise le principe dont tout dépend. La construction représente la manifestation, dans laquelle le principe n'apparaît que comme l'achèvement ultime. La première pierre, ou la pierre fondamentale, peut être regardée comme un reflet de la dernière pierre, qui est la véritable pierre angulaire.

En architecture, l'achèvement de l'œuvre est la pierre angulaire; en alchimie, c'est la pierre philosophale. «Sachez qu'on l'appelle pierre, non pas parce qu'elle ressemble à une pierre, mais seulement parce que, par la vertu de sa nature fixe, elle résiste à l'action du feu avec le même succès que n'importe qu'elle pierre. En l'espèce c'est l'or, plus pur que le plus pur; elle est fixe et incombustible comme une pierre, mais son apparence est celle d'une poudre fine, impalpable au toucher, sucrée au goût, parfumée à l'odeur, en potentiel un esprit des plus pénétrant…car elle est un esprit ou quintessence». (Eirenaeus Philalethes, 1664)

La pierre de voûte ne peut être placée que par le haut, par-là elle représente la pierre descendue du ciel.
Ne pas confondre pierre angulaire et pierre de fondation.

La Pierre de fondation

Le livre apocryphe d'Énoch parle de la «pierre qui soutient les coins de la terre».

La pierre de fondation est à proprement parler un symbole des degrés supérieurs. Il fait sa première apparition dans l'Arche Royale et constitue, en effet, le symbole le plus important de ce degré. Mais il est si intimement lié, dans son histoire légendaire, à la construction du temple solomonique, qu'il doit être considéré comme faisant partie de la maçonnerie artisanale ancienne.

La Pierre de Fondation a une histoire légendaire et une signification symbolique qui lui est propre et qui diffèrent de l'histoire et du sens qui appartiennent aux autres pierres. La pierre de fondation est unique, elle est supposée avoir été une pierre placée à un moment donné dans les fondations du Temple de Salomon, et ensuite, pendant la construction du deuxième temple, transportée au Saint des Saints. Elle était en forme de cube parfait et était inscrit sur sa face supérieure, à l'intérieur d'un delta ou d'un triangle, le tétragramme sacré ou nom ineffable de Dieu.

Consulter l'incontournable apport de Mackey au mot *Stone of fondation* dans son Encyclopédie[10].

La Pierre de décharge

À l'entrée nord de la cathédrale de Chartes, l'alchimiste se secoue sur une pierre de décharge pour y laisser toute poussière physique ou mentale. On la trouve souvent à l'entrée de lieux de culte. L'ouverture des travaux ne nous servirait-elle pas de pierre de décharge mentale?[11]

La Pierre plate

Elle est aussi appelée «pierre métallique».
C'est la valeur de l'obole recueillie par le tronc de la veuve exprimée en kilos, reprenant le sens primitif de *l'obolus*. Le demi-sicle d'argent, qui était la base de l'obole des hébreux, constituait une unité de poids et non pas encore une pièce de monnaie. C'est cette idée de poids qui est reprise pour valoriser le tronc de la veuve exprimé en kilos.
La Pierre Plate ne peut en aucun cas être utilisée pour pourvoir à des dépenses de fonctionnement de la Loge. Elle est destinée aux œuvres de solidarité, véritable murs du temple de la fraternité.

Par leur symbolisme, la pierre se retrouve sous différents noms marquant des étapes dans l'avancée

---

[10] Albert G. Mackey, *The Symbolism of Freemasonry*, chap.XXX, *The stone of foundation:* <tinyurl.com/pierre-de-fondation>.
[11] Vidéo des Sentiers initiatiques, la pierre de décharge dans la chapelle Calberte: <tinyurl.com/chapelle-Calberte>.

anagogique du maçon: pierre brute, pierre cubique, pierre cubique à pointe, pointe cubique à pointe sub ascia[12].

De même que dans l'architecture, la pierre est positionnée selon sa nature et sa fonction, la pierre ne se taille pas, ni ne se place dans une démarche strictement isolée, mais grâce à un cadre, un plan architectural dans lequel s'organise une transmission et une réception; c'est cet accompagnement qui rend possible la construction. On comprend, ainsi, pourquoi le cheminement lithocentrique comme métaphore principale s'est imposé naturellement à la Franc-maçonnerie des constructeurs. La philosophie morale, qui en découle, insiste, dans ce but d'élaboration de l'être, sur la prépondérance d'une démarche axée sur les représentations du dénuement, celles du vide, étroitement associées à l'adaptation de la forme de la pierre, «tailler sa pierre» en étant l'expression la plus explicite. Cette parabole lapidaire est en rapport didactique avec l'expression «enfants de la veuve». Par itérations métaphoriques mettant en œuvre le vide, la pierre, d'abord pierre brute et informe, va pouvoir devenir pierre cubique, puis pierre cubique à pointe pour s'ouvrir et laisser apparaître une étoile flamboyante au cœur de laquelle se trouve la pierre philosophale. Pour passer de la pierre brute à la pierre taillée, l'intervention de l'homme, sa volonté individuelle ou son désir sont impératif. Or, une telle démarche n'est pas spontanée, elle implique d'être conscient d'un projet d'ensemble ou d'une œuvre à construire.

---

[12] Voir le chapitre suivant *Sub ascia, sous la hache.*

Tailler une pierre est le premier travail effectué par l'apprenti lors de sa cérémonie d'initiation.
Remarquons tout de même un paradoxe: les pierres assemblées lors de la construction du Temple de Salomon ne devaient pas être taillées sur place! Cela confirme, si besoin était que les travaux du 1er degré ne se passent pas dans le Temple.

Tailler sa pierre c'est lui donner des facettes pour mieux réfléchir la lumière.

La Pierre brute

La Bible privilégie la pierre brute plutôt que la pierre taillée, elle servait surtout à élever des autels (Josué dressa un autel de pierres auxquelles le ciseau ne toucha point, Josué;8,30 et 31). David Lellouche l'explique par le fait que «la vérité avait pour symbole la pierre dure, et la fausseté la pierre tendre qu'on taille (consacrée par ailleurs au dieu Seth) »[13].
La pierre brute, qui est considérée comme informelle parce qu'elle n'a pas de dimensions régulières et mathématiques, devient, aussitôt que l'ouvrier la considère, l'occasion et le lieu du travail futur, elle est le signe de l'inaccompli.

Le parpaing, *perpend esler*, corruption de *perpend ashlar*, est certainement à l'origine de la pierre brute de la Maçonnerie spéculative.

---

[13] p. 139 à 141 de l'ouvrage de Frédéric Portal, Le symboles égyptiens comparés à ceux des hébreux,1840: <tinyurl.com/symboles-egyptiens-et-hebreux>.

Placée au pied de l'autel ou au pied du tableau de loge, côté nord, la pierre brute, symbolisant l'homme à l'état de nature, est celle du premier degré. L'apprenti peut aussi apercevoir, côté sud, la pierre cubique, idéal vers lequel il devra tendre tout au long de son apprentissage. Passer de la pierre brute, informe et grossière, à la pierre cubique, taillée et parfaite, à l'aide des outils de la construction, tel semble bien constituer le but premier du franc-maçon, appelé à maîtriser ses passions et à les soumettre par sa volonté. Au début, l'apprenti est comme une masse informe, pétri de désordre et en proie à un chaos intérieur. Ce chaos intérieur, c'est l'état originaire du monde selon Hésiode, l'état du monde avant l'ordre, avant le cosmos, c'est à la fois l'ignorance et l'infini, l'apeiron d'Anaximandre, l'égoïsme contemporain.

En voyant la pierre cubique, (illustration dde la couverture du livre d'Oswald Wirth, *La Franc-maçonnerie rendue intelligible à ses adeptes*), l'initié comprend qu'il devra travailler sur lui-même, se bâtir en se déconstruisant de l'ego, qu'il devra tailler sa pierre. La pierre brute contient le potentiel de cette construction. Pour le REAA, [la pierre brute est le] produit grossier de la nature, que l'art doit polir et transformer. Les pierres non taillées (cailloux, éclats, fragments de marbre, etc.), amoncelées dans la construction des murailles, étaient appelées *caementum* par opposition à *quadrata saxa*, les pierres taillées[14].

---

[14] *Lexique des Antiquités romaines* rédigé par Georges Goyau, 1896: <tinyurl.com/Antiquites-romaines>.

Il s'agit bien de la réalisation d'un travail sur soi, de la réalisation du Soi, du processus de l'individuation, de l'unification de l'être humain. L'unité de la pierre, écrit Carl Gustav Jung, correspond à l'individuation, à l'unification de l'être humain; nous dirions que la pierre est une projection du soi unifié. Tailler la pierre brute, c'est supprimer le paraître pour de la disponibilité à l'éclosion de l'être.

Le *Rituel de Swedenborg de 1870* explique: «La pierre brute est le symbole des vérités fondamentales qui sont à la base de notre nature morale et sur lesquelles toutes les autres s'appuieront par la suite. Ce sont les germes insufflés dans l'esprit du jeune enfant avec lesquels, en les travaillant, l'homme adulte se construira. La pierre brute pourra être polie et taillée car la vérité peut s'affiner, mais jamais elle ne pourra être sculptée. La sculpture la casserait car la vérité, de même d'ailleurs que l'erreur, elle aussi peut être cassée, mais jamais transformée ou falsifiée». La pierre brute ou chaos humain est soumise à l'action du marteau (désir) et du ciseau (volonté). Le marteau représente, en effet, la force inconsciente massive que l'esprit doit distribuer aux points où l'effort est nécessaire. Le ciseau représente la force organisatrice que l'esprit doit appliquer.

Si les significations données à l'apprenti sont pour le compagnon déjà acquises, l'alchimie va lui permettre d'entrevoir de nouvelles façons de considérer la pierre brute.

La pierre brute c'est ce que les alchimistes appellent la matière première, et ils insistent sur ce nom au point de le traduire en latin: *materia prima,* matière primordiale, la pierre brute est un protolithe: «Comment appelez-vous ce corps-là? – Pierre brute, ou chaos, ou illiaste, ou hylé.

– Est-ce la même pierre brute dont le symbole caractérise nos premiers grades? – Oui, c'est la même que les maçons travaillent à dégrossir, et dont ils cherchent à ôter les superfluidités; cette pierre brute est, pour ainsi dire, une portion de ce premier chaos, ou masse confuse, mais méprisée d'un chacun» cite Osward Wirth dans *Le symbolisme hermétique*, reprenant *L'étoile flamboyante Catéchisme ou instruction pour le grade d'Adepte ou apprenti Philosophe sublime & inconnu* du baron de Tschoudy.

Une fois taillée dans le silence (les pierres du Temple de Salomon étaient taillées dans les carrières avant d'être livrées sur le chantier de la construction où elles étaient assemblées en l'absence d'outils métalliques); le franc-maçon pourra s'assembler par sa vérité avec les autres pierres que sont les membres de la Franc-maçonnerie et, par-delà, avec toute l'humanité.

La pierre brute est placée du côté de l'apprenti au nord. **N'oublions pas que la pierre brute est appelée un «bloc capable», ce qui indique que le recrutement d'une «pierre brute» en FM doit vérifier les potentialités du candidat franc-maçon.** On appelle «mort», une pierre taillée qui, abîmée ou de mauvaise dimension, s'est avérée impropre à l'emploi prévu.

La Pierre cubique

C'est l'hexaèdre régulier, le chef-d'œuvre que doit réaliser l'apprenti. C'est forcément la forme la plus simple, par conséquent la plus harmonieuse: c'est celle dont tous les éléments sont égaux entre eux et semblablement disposés. C'est le cube, élément base de toute architecture, première forme des pierres sacrées

Comme la taille de la pierre brute, la pierre cubique se rattache étroitement au symbolisme des Outils et particulièrement à celui de l'équerre, du ciseau et de la règle. En loge, elle est sur les marches de l'autel des serments, côté colonne du midi. La pierre cubique est à la fois une forme de la pierre taillée et une figure géométrique, le cube, qui permet des spéculations numérologiques (Jules Boucher) et des commentaires analogiques à caractère moral (Ragon). Pour ce dernier, la pierre cubique symbolise les progrès que doivent faire les compagnons: solide le plus parfait, il est «la pierre angulaire du Temple immatériel élevé à la philosophie et l'emblème de l'âme aspirant à monter à sa source».

Dans ses manuscrits théosophiques du XVIIIe siècle, le frère François-Nicolas Noël montre comment la géométrie plane à deux dimensions fait apparaître les trois dimensions (longueur, largeur, épaisseur), utilisées selon une approche symbolique, qui permettent de franchir les discontinuités du monde apparent, profane, et de passer, par exemple, du cercle au carré, en joignant des points de contacts de cercles emboités pour donner la forme de la [double] pierre cubique. Ou plus simplement, en passant de l'hexagone au losange (le rhombe) et à la pierre cubique[15].

Au RER les quatre angles supérieurs de la pierre cubique représentent l'universalité de l'Ordre et les quatre parties du monde dans lesquelles il est répandu, les quatre angles inférieurs, les quatre vertus qui sont la base de l'Ordre.

---

[15] François-Nicolas Noël, *Manuscrits théosophiques*: <tinyurl.com/manuscrits-theosophiques>.

Devenu pierre cubique, le compagnon s'offre à toutes les expositions intellectuelles et spirituelles, chacune de ses faces pouvant représenter les 6 orientations de l'univers, Orient, Occident, Septentrion, Midi, Zénith et Nadir. La pierre cubique est une forme d'être pour s'assembler aux autres pierres que sont non seulement les francs-maçons mais tous les hommes et toutes les femmes.

Chaque face, chaque angle, chaque arête est identique aux autres à l'image des hommes en fraternité.

Il y a toujours 3 faces cachées lorsque l'on observe une pierre cubique. C'est avec le levier que le maçon peut faire apparaître celle de dessous.

Déployer la pierre cubique ouvre sur la *croix*.

La Pierre cubique à pointe

La pierre cubique à pointe ne se rencontre qu'au Rite écossais ancien et accepté et au Rite Français. Rite Français Traditionnel 1783, 1786 et Régulateur 1801. La plupart des autres rites, les rites anglo-saxons, le Rite Français Groussier entre autres, l'ignorent totalement.

La pierre taillée est œuvre humaine, cubique elle est féminine, conique elle est masculine. La pierre cubique à pointe atteste l'alliance entre la dynamique et le statique.

La pierre cubique à pointe est présentée dans la note de bas de page 66 du *Recueil précieux de la Maçonnerie Adonhiramite, contenant les catéchismes...*de Louis Guillemain de Saint-Victor en 1789 comme un symbole de savoirs et de morale: «des mêmes philosophes qui comparaient l'apprenti à une pierre brute, comparaient alors le compagnon à une pierre cubique en pyramide, afin qu'elle renfermât tous les nombres sacrés; c'est-à-dire, unité, cinq, quatre, trois fois trois, et par conséquent neuf: de plus pour tailler cette pierre il faut faire usage du compas, de l'équerre, du niveau, de la ligne d'à-plomb; et comme tous ces instruments sont les symboles des sciences et des vertus, et que c'étaient les moyens que ces philosophes employaient pour faire ce que nous appelons un Compagnon, ils pouvaient donc sans erreur faire cette comparaison morale. Les outils ne signifient rien autre chose que les soins et les désirs»[16].

À l'intérieur de son volume, la pierre cubique contient le pyramidion qui lui permet de devenir pierre cubique à pointe. La forme de chaque face s'inscrit dans un pentagone auquel manquerait un cinquième tétraèdre. Ce vide permet justement, au pyramidion de se dissimuler dans la pierre cubique. Le pyramidion est extrait de l'intérieur de la pierre cubique; le vide intérieur ainsi opéré devient le plein quand ce qui est en bas est comme ce qui est en haut. Le levier peut servir à extraire le pyramidion de l'intérieur de la pierre cubique. C'est à l'intérieur de la matière que l'on est connecté à l'univers. Par un retournement le maçon opère un changement d'être en choisissant de poursuivre dans la matérialité ou de s'élever vers la spiritualité. «Comme un bloc brut et inachevé, l'homme est extrait de la carrière et, grâce à la culture secrète des mystères, se transforme en une véritable et parfaite couronne pyramidale».

---

[16] Louis Guillemain de Saint-Victor, *Recueil précieux de la Maçonnerie Adonhiramite, contenant les catéchismes...* <tinyurl.com/Maconnerie-Adonhiramite>.

Les tableaux de loge du XVIIIe siècle représentent clairement que tout itinéraire initiatique correspond à la transformation de la pierre brute en pierre cubique à pointe. Cette image de l'ascension vers la transcendance correspond aussi à la recherche de la pierre philosophale. Pour René Guénon, la transformation de la «pierre brute» en «pierre cubique» représente l'élaboration que doit subir l'individualité ordinaire pour devenir apte à servir de «support» ou de «base» à la réalisation initiatique; la «pierre cubique à pointe» représente l'adjonction effective à cette individualité d'un principe d'ordre supra-individuel, constituant la réalisation initiatique elle-même, qui peut d'ailleurs être envisagée d'une façon analogue et par conséquent être représentée par le même symbole à ses différents degrés, ceux-ci étant toujours obtenus par des opérations correspondantes entre elles, bien qu'à des niveaux différents, comme l'«œuvre au blanc» et l'«œuvre au rouge» des alchimistes[17].

Cette interprétation pourrait aussi considérer que le pyramidion est ajouté à la pierre cubique pour représenter le fait que non seulement il faut tailler sa pierre mais qu'il faut aussi lui ajouter par le travail, l'écoute de l'autre, ce qui complète notre être pour son perfectionnement.
Le sommet de la pierre cubique à pointe est assimilable à un omphalos, une représentation visible et concrète du centre du monde, d'une ouverture sur le divin,

---

[17] René Guénon, note de bas de page 191, *La Grande Triade*: <tinyurl.com/La-Grande-Triade>.

quintessence de l'être, point de rencontre du manifesté et du non-manifesté comme un *axis mundi*. Le concept de montagne cosmique exprime spécifiquement cette idée d'omphalos, le thème de centralité qui est bien caractéristique du mont Sion. Ce qui est important est toujours central. C'est ce que les cartes du monde médiéval exprimaient visuellement en assimilant Jérusalem avec le centre du monde

L'extraction de la part matérielle laisse place au contact avec le monde de l'esprit. Autrement dit, ayant trouvé le centre de son être, l'initié élève ce centre vers la transcendance pour le faire surgir de la pierre cubique.

La pointe inversée, à l'intérieur, du pyramidion, indique le centre de la pierre. Le franc-maçon travaille au centre laissant à la périphérie les lourdeurs et les rumeurs de la vie. Un des secret des constructeurs serait de rectifier la pierre pour essayer d'en faire un «diamant», jusqu'à en trouver le centre. Ce centre qui, sous une autre formulation et par simple antimétabole du langage codé des alchimistes est ce que la symbolique appelle «la Pierre Cachée» du VITRIOL, indiquant qu'en réalité la quête consiste à rechercher ce qui est caché dans la pierre.

Jean-Marie Ragon dans son *Cours philosophique et interprétatif de toutes les initiations anciennes et modernes* de 1841 écrit: «C'est dans le rite français seulement qu'il est question plus amplement de la pierre cubique [à pointe] dont une des faces présente, dans une division de quatre-vingt-une cases, les mots des cinq premiers grades; et le chapiteau, composé de seize cases triangulaires, formant ensemble un grand triangle, ou delta, emblème de la Divinité, renferme le mot sacré du présent grade. Elle présente sous les nombres 3, 5, 7, 9, 42, consacrés dans toutes les religions et sous les figures géométriques triangle, cercle, carré, qu'affectionnent les initiés de Memphis les attributs de l'intelligence suprême les grandes divisions et les opérations de la nature, les principes des sciences, des arts et de la religion naturelle».

En 1863 paraît *Le rameau d'or d'Éleusis,* écrit par Étienne Marconis de Négre, qui donne également des explications à cette pierre - dite dans le texte angulaire -, la considérant comme essentielle en Franc-maçonnerie et dont l'une des faces est un chef d'œuvre[18].

Au 13ème degré du REAA, cette pierre cubique est découverte par Guibulum, Stolkin et Johaben, les Chevaliers de Royale Arche, dans une voûte secrète, au milieu d'un piédestal, et «recouvert d'une pierre d'agate taillée en forme quadrangulaire, sur laquelle il fut gravé à la face supérieure, le mot substitué, à la face inférieure tous les mots secrets de la Maçonnerie et aux quatre faces les combinaisons cubiques de ses nombres, ce qui la fit dénommer pierre cubique». C'est ce que rapporte le Frère Chéreau dans son texte Explication de la croix philosophique et de la Pierre Cubique[19].

Pour les Égyptiens, la pyramide constituait l'escalier permettant au pharaon défunt de s'élever jusqu'au dieu Rê, de rejoindre le Principe. La pyramide matérielle devait se compléter d'une pyramide spirituelle non apparente, prolongement des quatre arêtes vers le ciel, et également d'une pyramide souterraine la liant à la Terre

---

[18] Étienne Marconis de Négre , *Le rameau d'or*: <tinyurl.com/RameauDorDEleusis>.
[19] Pierre cubique du 13ème degré: <academia.edu/8833872>.

et formant avec la première la manifestation de l'octaèdre.

Et si tout cela n'était qu'élucubrations de spéculatifs?

Jean-Michel Mathonière, essayiste et historien du compagnonnage et plus particulièrement spécialiste des Compagnons tailleurs de pierre, nous en propose une toute autre approche. «La perspective est omniprésente dans les traités de la première moitié du XVIIe siècle, et l'on sait combien elle possède une dimension symbolique. Il en va de même pour tout ce qui touche à la projection des ombres par la lumière, qu'il s'agisse de la mise en scène de l'architecture ou bien de la gnomonique». C'est ainsi que, pour lui, la pierre cubique à pointe est virtuelle et ne serait que la projection de la pierre cubique sur la pierre brute (celle qui est à tailler) dans l'art de la stéréotomie. C'est à partir du Traité d'Abraham Bosse (1647), où l'on voit des figures clefs de la théorie de la perspective oculaire, que serait originaire la pierre cubique à pointe, symbole de ce secret déformé en Franc-maçonnerie.

En fait, la Pierre cubique à pointe, qui orne le Tableau de Loge au Rite Français Traditionnel et au REAA, n'est pas une Pierre nous explique Jean-Michel Mathonière! Il s'agit d'une méprise des spéculatifs. Les découvertes qui ont été faites font état d'une simple projection des ombres que l'on retrouve dans les Traités de perspective des XVIe et XVIIe siècles. Il ne s'agit donc pas d'un volume en plein, mais bien d'arêtes. C'est la projection de la lumière (divine en l'occurrence) d'un octoèdre (l'air) qui donne une pierre cubique à pointe! Cette projection de lumière était considérée par les opératifs comme étant divine, tout comme la «divine projection» qui trace une perpendiculaire de la pointe de la pierre à sa base, sauf que les opératifs terminaient leur trait au centre de la pierre à l'aide d'une étoile. Les spéculatifs ont repris cette perpendiculaire sans en connaître la véritable signification, car l'aboutissement de cette perpendiculaire au centre de la pierre, est un point de fuite!

Cette divine perpendiculaire est, en fait, un trait de perspective qu'on trouvera représenté dans les traités de perspective du milieu du XVIIe siècle, notamment celui de Vignole, mais également dans *Le livre de l'Architecture* de Philibert de l'Orme et dans les traités de perspectives et de stéréotomie, tel ceux d'Abraham Bosse (planche 3 dans *Manière universelle de Mr Desargues, pour pratiquer la perspective par petit-pied comme le géométral,* 1648) ou de Giraud Desargues. Une preuve de plus que cette Pierre cubique à pointe n'est pas un volume, mais bien une suite de points de fuite (au sol, projection des ombres)[20].

À bien considérer la forme d'une pierre cubique à la fois dans le plan et dans son volume, c'est-à-dire par un tracé en perspective, on s'aperçoit que, par l'ombre qu'elle crée, la lumière, fait apparaître la pierre cubique à pointe.

Toutefois une interrogation surgit, **la pierre doit-elle être nécessairement taillée afin de la rendre propre à l'usage auquel on la destine?** La pierre brute n'est-elle pas apte, dans sa singularité, ses aspérités et son opacité, à trouver une place dans l'édifice, ne serait-ce que par le rapprochement avec les autres pierres? Faut-il lui donner nécessairement un aspect autre, la rendre homogène, la

---

[20] Vidéo Jean-Michel Mathonière: <tinyurl.com/conference-Mathoniere>.

standardiser pour l'insérer dans le dessein collectif de la construction du temple de l'humanité? Ce faisant, ne risque-t-on pas ainsi de lui retirer ce qui fait sa beauté ou son originalité?

La réponse: **et s'il ne s'agissait pas de tailler SA pierre pour se transformer mais de passer du travail de découverte de la pierre brute au travail sur la pierre cubique? C'est faire grandir la pierre cubique déjà en soi pour remplir les «boursouflures de l'ego» par de la consistance d'être fraternel et spirituel.**

Si tailler **une** pierre est une soustraction, tailler **sa** pierre serait un remplacement en soi de ce à quoi on renonce pour accueillir l'élargissement d'une conscience plus éveillée et plus spirituelle jusqu'à ce que sa forme remplace la pierre brute.. Chaque être humain est un trésor enfouis dans une cage de préjugés historiques, marqué par sa famille, la société, sa culture, son histoire. C'est pourquoi, il convient de penser que celui (ou celle) qui taille sa pierre, n'est ni dans le renoncement ni dans l'abnégation de ce qu'il est. Il est dans la conversion de son être, parvenant ainsi à la découverte de ce qui est caché en lui pour faire résonner, dans sa conscience, l'écho de l'unité de l'esprit et de la matière. Comme dans la pensée de Jung, il s'agit d'intégrer ses polarités en croissance spirituelle par une énergie.qui pousse à ce remplissage de forme et que l'on peut appeler l'amour[21]. Alors, éclairée par l'amour la pierre cubique devient pierre cubique à pointe.

«Tu dois devenir l'homme que tu es. Fais ce que toi seul peux faire. Deviens sans cesse celui que tu es, sois le

---

[21] Vidéo, Eric De Lucca: <tinyurl.com/la-chute-comme-experience>.

maître et le sculpteur de toi-même», aurait pu écrire Friedrich Wilhelm Nietzsche (*Ecce Homo*, 1888, dont le sous-titre est: «Comment on devient ce qu'on est» (wie man wird, was man ist).

3 SUB ASCIA, SOUS LA HACHE.

Dès 1740-1750, sur les Tableaux de Loge français, la pierre cubique à pointe **est placée, *sub ascia* pour indiquer son caractère sacré.**

L'ascia a parfois été comparée à l'herminette égyptienne. On lui donne le nom d'herminette quand le manche est long et ascia quand le manche est court. Le *Dictionnaire Gaffiot* en donne la traduction d'«herminette», de «truelle», ou de «marteau de tailleur de pierre»[22].
Les romains donnaient le nom d'*ascia* à un instrument dont le fer peut agir sur un plan parallèle à celui dans lequel se trouve l'ouvrier (la hache tranche dans un plan perpendiculaire). On trouve ce symbole, de même que l'inscription *sub ascia*, gravé sur d'anciennes tombes, particulièrement autour de Lyon[23].
Cela a donné lieu à de nombreuses interprétations. On retiendra que l'ascia pourrait être considérée comme un symbole (en fait une croix, *crux dissimulata*) utilisé pour marquer les tombes par les chrétiens au temps de

---

[22] <tinyurl.com/gaffiot-ascia>.
[23] Couchoud Paul-Louis, Audin Amable. *Requiem aeternam… L'ascia, instrument et symbole de l'inhumation. In: Revue de l'histoire des religions*, tome 142, n°1, 1952. p. 36-66: <tinyurl.com/symbole-ascia>.

persécutions comme l'évoque M. Sansas dans sa communication, *Symbolisme de l'ascia*, retenue par les *Actes de l'académie impériale de Bordeaux* de 1866[24].

C'est donc une allégorie essentiellement chrétienne qui peut signifier: «réformez vos mœurs, retranchez vos vices, devenez ainsi des hommes nouveaux, purs de toute souillure comme le bois et la pierre qu'a polis l'ascia». L'analogie morale avec la **pierre cubique à pointe** *sub ascia* pour le franc-maçon du XVIIIe s. est indéniable. Ainsi, on pourrait dire que la pierre cubique est consacrée par l'ascia, *sub ascia dedicavit*, par la foi chrétienne.

Un marteau bretté, *Broked mall*, que l'on lit dans le *Manuscrit Chetwode Crawley*, serait à l'origine de l'instrument semblable à une hache qui figure sur les tableaux de loge français du XVIIIe siècle, à côté de la pierre cubique à pointe; ce pourrait être aussi, la corruption de *broached urnall*, mot qui désignerait la pierre cubique à pointe elle-même.

Pour Jules Boucher, la pierre est sous la Hache pour indiquer son caractère sacré. La Pyramide la protège de l'Eau, comme la Hache la protège du Feu ou de la Foudre, d'où un symbolisme moral. La pierre doit être défendue contre l'Eau (forces dissolvantes) et le Feu (force trop sublimisantes).

Pour Irène Mainguy, la Hache au sommet du pyramidion, semblable à la foudre, ferait jaillir l'esprit de la matière. Cette Hache pénétrant le sommet de la pierre

---

[24] À partir de la p. 409: <tinyurl.com/symbolisme-ascia>.

indiquerait que la pierre a atteint le fini d'une beauté et d'une perfection. Cela signifierait que la Pierre, après avoir été débarrassée de ses aspérités par le Ciseau et le Maillet, représenterait l'achèvement de l'œuvre lorsqu'elle est surmontée des quatre faces du pyramidion, axe de liaison entre le terrestre et le céleste.

Pour Guénon, la hache n'est ici autre chose que l'hiéroglyphe de la lettre hébraïque qoph (ק). Le sens général attaché à la lettre hébraïque qoph, ou à la lettre arabe qâf, est celui de «force» ou de «puissance» (en arabe qowah), qui peut être d'ordre matériel ou d'ordre spirituel.

Cette pierre représente l'idéal maçonnique qu'il faut sans cesse défendre contre l'eau et le feu [comme les colonnes antidiluviennes découvertes par Pythagore et par Hermès]; la première représentant les forces dissolvantes, le second les forces par trop sublimisantes». Le Maçon doit se tenir dans un juste milieu avec sûreté et rectitude.

Justifiant que cette pierre soit un des bijoux immobiles, Jules Boucher nous en explique sa valeur propédeutique: «La pierre placée sous la hache pour indiquer son caractère sacré, reste cubique bien que surmontée d'une pyramide qui la protège de l'eau, comme la hache la protège du feu (de la foudre). Pour l'adepte, le sens de ce symbole est le même que celui de l'épée, du poignard ou du marteau; ces armes blanches désignant les larmes d'argent du sel blanc (petites gouttes) qui hache la matière.

Rabi Zied Odnil (François Lindo-Diez) nous dit que la hache est placée sur le pyramidion pour nous inviter à fendre le sommet de la pierre cubique à pointe (Oswald

Wirth écrivait: la pierre cubique entamée par une hache, …indique sans doute qu'il faut ouvrir la Pierre, la fendre afin d'arriver à son contenu, à son ésotérisme). L'étoile flamboyante apparaît dans les interstices des tétraèdres retournés; c'est le vide, l'invisible qui montre la forme. Ce sont les vides successifs, l'invisible questionné, qui ont montré que l'étoile flamboyante est en gestation dans la pierre brute. En son cœur se trouve la pierre philosophale.

La langue des oiseaux nous permet de retenir, pour la hache, le «H» qui est l'esprit des alchimistes. L'alchimiste Patrick Burensteinas et Georges Combes le montrent magistralement dans leurs films *Le voyage alchimique* dont voici l'extrait où l'étoile à 5 branches apparaît[25].

L'acacia maçonnique pourrait bien ne pas être un arbre tel que souvent évoqué. Il pourrait s'agir de la déformation d'*ascia*. Comme elle aurait servi à tailler les stèles funéraires, *asciare* aurait comme sens premier: dédier la tombe en aplanissant le bloc funéraire avec l'ascia. Son sens second, symbolique, pourrait être «sceller une tombe sous l'ascia pour lui conférer un caractère inviolable». Donc le mot déformé acacia serait un outil doté d'une dimension symbolique, troqué dans le *Manuscrit Masonery Dissected* (1730) de Prichard par «cassia»[26].

---

[25] Vidéo, Patrick Burensteinas: <tinyurl.com/etoile-alchimique>.
[26] Ce sujet est développé dans le Livret de la Collection: *Lumières vers la chamber du milieu* de la *Collection Vagabondages maçonniques*.

On raconte, à propos d'Athéna (Pallas), sortant du cerveau de Zeus (Jupiter) tranché par Héphaïstos (Vulcain), qu'elle représente la déesse qui préside à la sagesse et on la dit à bon droit car née du cerveau où se trouve le siège de la sagesse.

Éclairage de la Construction

4 L'INTERDICTION DU FER

Une tradition basée sur des croyances religieuses assurait que le Tibre ne voulait souffrir qu'un seul pont, le pont Sublicius; encore fallait-il éviter d'y employer du fer, métal qu'on regardait comme profanant les lieux sacrés. Quand on le réparait, ou quand on le mettait à neuf, il fallait faire sur les deux rives et sur le pont même toutes sortes de sacrifices Ils étaient présidés par les pontifes, qui en tirèrent même leur nom[27].

Dans ses instructions maçonniques, le pasteur Anderson reprend le texte de I Rois; 6, 7 où il est dit que lorsque l'on bâtit la maison (le Temple de Salomon), on se servit de pierres toutes taillées et ni marteau, ni hache, ni aucun instrument de fer ne furent entendus dans la maison pendant qu'on la construisait.

De même, il est écrit en Exode; 20,21: «Si toutefois tu m'ériges un autel de pierres, ne le construis pas en pierres de taille; car, en les touchant avec le fer, tu les as rendues profanes».

---

[27] Revue des traditions populaires, 1891, p.129: <tinyurl.com/rites-de-construction>.

Cet interdit est décrit par Maïmonide dans les *Lois de la Maison d'élection*: les dalles du Heikhal et de la Azarah qui se seraient éraillées - ou ébréchées - sont impropres au Culte: elles ne peuvent être réaffectées à un usage profane et doivent être enfouies. Elles sont impropres ainsi qu'il est dit «car tu as posé ton glaive dessus et tu l'as profanée». C'était une loi très stricte au point que celui qui utilisait pour la construction de l'Autel ou de la Rampe une pierre travaillée par du fer était passible de flagellation. Les précautions étaient telles que lorsqu'on crépissait l'Autel deux fois par an, à l'approche de Pessa'h et de Souccot, on le lissait avec des tissus et non avec une truelle métallique, de peur qu'elle n'érode une pierre et ne la rende inutilisable[28].

Pourtant cette dimension métallurgique se confirme par la surabondance des métaux dans la construction du Temple de Jérusalem, de l'or en particulier, et en la personne d'Hiram qui était un fondeur[29].

Les rabbins Rachi et Nachmanide, quant à eux, expliquent: l'outil forgé en fer est un symbole de destruction, alors que l'autel prolonge la vie.

L'autel est un symbole de réconciliation entre Dieu et l'homme, mais l'outil de fer est un symbole de désunion et de séparation.

En hébreu, le fer, **barzel** (ברזל), est l'acrostiche des noms des femmes de Jacob (Bila, Rachel, Zilpa et Léa) qui

---

28 Chapitre 1, *Le Temple, Histoire, sa perfection*, Verset 16: <tinyurl.com/Maimonide-lois>.

[29] La tribu de Nephtali dont il est originaire est celle des forgerons (1R;7,14). «Son père était un Tyrien, ouvrier en cuivre; lui-même était plein de talent et d'industrie, habile à tous les travaux du cuivre. Il se rendit auprès du roi Salomon et exécuta tous ses ouvrages [de métal]».

donnèrent naissance aux douze tribus d'Israël. Parce qu'ils naissent de 4 mères différentes et opposées (maitresses et servantes), les douze fils de Jacob ne connaîtront l'unité fraternelle, que lorsque sera instaurée l'égalité entre leurs mères génitrices. L'unité entre les 12 tribus d'Israël, condition essentielle à l'avènement de Mashia'h», explique pourquoi il sera autorisé, dans le troisième et dernier Temple, d'utiliser un matériau jusque-là interdit.

Les instructions anglaises du XVIIIe siècle en donnent une raison: c'était le meilleur moyen de montrer l'ingéniosité de la maçonnerie à cette époque, car ces matériaux étaient préparés à une si grande distance de là que, quand on les assemblait, ils s'ajustaient de façon si parfaite qu'on eût dit l'œuvre du Grand Architecte de l'Univers plutôt que celle d'un mortel.

À la fin du XVIIIe siècle, les instructions proposent une autre interprétation: pour que le Temple ne soit pas souillé il y a cette interdiction qui renvoie à Exode;20,22 à 25 et Josué;8,30,31. Les rituels écossais ont conservé cette version. Parce que les Philistins, après l'envahissement de la Judée, s'étaient arrogés le monopole du fer, empêchant les Hébreux de fabriquer ainsi des armes métalliques, par haine, ces derniers considérèrent le travail du fer comme équivalent à la fabrication d'une idole et passer un outil de fer sur un objet sacré revenait à le souiller.

Les rituels maçonniques reprennent l'interdiction du fer par l'expression «laisser les métaux à la porte du Temple»[30].

Au moment de l'initiation, le profane est effectivement séparé de tout objet en métal qu'il aurait eu sur lui. L'allégorie reprend sans doute les propositions précédentes en les développant jusqu'à expliquer que les métaux sont tout ce qui peut, au nom de la tolérance, diviser, violenter, heurter les consciences des frères (et sœurs) réunis en loge. La confiance faite au nouvel initié de dominer cette violence est marquée par le fait que ses métaux lui sont rendus à la fin de la cérémonie d'initiation.

Les ésotéristes considèrent que la présence de métal sur l'impétrant «gêne la circulation des courants [des vibrations] pour que l'acte «magique» de l'initiation s'accomplisse par la rencontre de forces, l'une passive émanant de la matière, l'autre active [et spirituelle] dispensée par le Vénérable par l'intermédiaire de son glaive flamboyant»[31].

Alors que penser du port de l'épée me diriez-vous?

Dans les plus anciennes divulgations maçonniques françaises, imprimées à partir de 1744, il était explicitement précisé que, dans le cadre idéal de la Loge, et pour le temps de ses Tenues, tous les Frères devenaient égaux et on fit choix de l'égalité «par le haut». Tous les Frères étant réputés gentilshommes, tous furent

---

[30] *Le Manuscrit Graham* évoquait déjà cet interdit du fer. Note 19: <tinyurl.com/interdiction-du-fer >.
[31] Vidéo, Jean-Jacques Gabut, *Les sentiers initiatiques*: <tinyurl.com/depuoillement-des-metaux>.

appelés à porter l'épée, qu'ils fussent nobles ou non «à l'extérieur». Tout quidam était annoncé au XVIIIe s. «gentilhomme» (qui vaut deux degrés de noblesse) sauf les domestiques annoncés «particulier»[32]. C'est pourquoi, en loge les bourgeois purent, dès lors, porter l'épée (réservée aux nobles) et ne s'en privèrent pas.

Toutefois, il devenait alors difficile de passer l'épreuve d'initiation une épée au côté, au risque de voir un chandelier enflammé bousculé par l'épée du candidat aveuglé par le bandeau. On connaît la peur d'incendie des Anglais depuis le grand incendie de la City de Londres en 1666. Ce serait pour cette raison que le symbolisme de «laisser les métaux à la porte du temple» aurait été inventé, justifiant la privation de l'épée, entre autres.

Les gravures maçonniques du XVIIIe siècle sont d'ailleurs éloquentes à ce sujet montrant que l'épée n'était pas portée aux initiations du premier degré mais conservée aux autres degrés[33].

Alors, ne faut-il pas considérer que l'expression "laisser les métaux à la porte du Temple" ne concernerait que la cérémonie d'initiation?

De là à ne pas confondre avec l'expression «abandonner le vieil homme»!

---

[32] Attribué à Gabanon, *Nouveau catéchisme des francs-maçons contenant...*, daté de 1440 depuis le Déluge, avec approbation & Privilège du Roi Salomon, p. 46: <tinyurl.com/noblesse-du-franc-macon>.

[33] Gravures de Thomas Palser: <tinyurl.com/gravure-initiation>.

5 DES TEMPLES AU TEMPLE, DU TEMPLE AUX TEMPLES MAÇONNIQUES

Templum signifiait le secteur du ciel observé par l'augure qui délimitait ainsi une surface bien déterminée. Puis le mot a désigné le lieu (ou l'édifice) à partir duquel on pratiquait l'observation du ciel.

Les mots «temple» comme «temps» ont tous deux la même étymologie indo-européenne *tem* (en grec τεμνω) qui veut dire couper. Le temps est en effet une coupe (un espace) dans la durée; le temple était dans les sociétés occidentales antiques, une coupe (clairière naturelle ou travaillée) dans la forêt, où se tenaient des rituels sacrés; cette coupe correspondait à une division délimitée à l'aide d'un bâton ou d'un sceptre; une façon de séparer du monde naturel un espace et un moment, par un procédé de sacralisation. Le mot temple dérive, plus probablement, de la racine sanscrite *temp* (étendue, espace) qui donna le latin *templum,* un espace confiné normalement dessiné dans l'espace par le bâton de l'*augure* ou *aruspice,* prêtre qui en interprétant les présages (représentés par des phénomènes naturels tels le vol des oiseaux, la lecture d'organes d'animaux sacrifiés, etc) et prévoyait l'avenir. D'où le terme latin de *contemplor* (contempler), regarder le ciel, pour éventuellement en chercher des présages. Il s'agit donc d'un volume d'espace ouvert entre ciel et terre d'où l'une des raisons qui explique pourquoi le plafond du temple maçonnique est étoilé.

Le temple est donc entendu ici au sens le plus large comme centre du monde, distribuant l'espace entre les sphères du sacré et du profane, et comme construction figurant le parcours initiatique de l'homme. Mais une place privilégiée est faite au Temple de Salomon, archétype du lieu sacré repris comme modèle dans toute la civilisation judéo-chrétienne, et dont la Franc-maçonnerie utilise encore aujourd'hui la symbolique.

Le temple peut être considéré sous plusieurs angles, il est à apprécier comme:

Lieu secret. Le temple égyptien, entouré d'une enceinte qui interdit l'accès de l'édifice au profane, n'est pas comparable à une église où le public et les fidèles sont librement admis. Le temple abrite la puissance créatrice qui organise les mondes. Une telle énergie ne saurait être approchée que par des spécialistes avec à leur tête pharaon. C'est pourquoi, la structure du temple est un axe qui part de l'extérieur, de la lumière apparente, pour aboutir jusqu'au cœur du sanctuaire, siège de la lumière secrète, celle du divin. La puissance divine n'est pas seulement cantonnée au Ciel ou à l'au-delà. Sa présence se manifeste aussi sur Terre parmi les humains. Les temples, pour les dieux, et les nécropoles, pour les ancêtres, sont des lieux où les prêtres exercent leurs rôles de médiateur entre le genre humain et les forces de l'invisible. Ce sont des lieux à part, tenus à l'écart de la majorité des vivants, leur accès étant soumis à des restrictions de toutes sortes comme la pureté corporelle, le jeûne, l'obligation de silence.

Éclairage de la Construction

Lieu sacré. Dans la Grèce antique, tout lieu peut revêtir un caractère sacré à condition qu'un dieu s'y soit manifesté ou qu'un héros y soit mort. Le terme grec désignant l'espace sacré, *temenos*, s'applique aussi bien à un modeste autel, simple monticule de terre ou espace sacré placé près d'une rivière ou au cœur d'un bois, qu'au vaste édifice entouré d'une colonnade érigé en l'honneur d'un des grands dieux de l'Olympe. À l'origine, le temple est simplement l'espace du ciel délimité par les augures pour y observer le vol des oiseaux. Par la suite il est devenu l'édifice lui-même, à partir duquel, selon des règles strictes, s'effectuait cette observation. Fermé à la population il abrite la statue de la divinité et son trésor.

Lieu central. Le Temple de Salomon, construit au 1ᵉʳ millénaire avant notre ère, formait probablement une série de cours communicantes s'inspirant des formules architecturales des temples syriens. Le Saint des saints, le sanctuaire central était si sacré que seul le grand prêtre pouvait y pénétrer. Là se trouvait l'Arche d'Alliance, contenant les tables de loi données à Moïse par le Dieu des Hébreux. Après sa destruction, il demeure une centralité pour le judaïsme, les croyants se tournant dans sa direction pour leurs prières. Les musulmans le considèrent comme un de leurs hauts lieux de pèlerinage.

Observatoire céleste. Il semble évident que certains sites mégalithiques aient été à la fois temples et observatoires astronomiques. C'est le cas du cercle de mégalithes de Stonehenge en Angleterre. Ce temple solaire et lunaire était probablement dédié au cosmos.

Réplique du cosmos. Les textes sacrés égyptiens expliquent que le temple est à l'image du cosmos: en pénétrant dans le naos, le pharaon franchit les «portes du ciel». La très vieille conception du temple comme l'*imago mundi*, l'idée que le sanctuaire reproduit l'univers dans son essence, s'est transmise à l'architecture sacrée de l'Europe chrétienne: la basilique des premiers siècles de notre ère, comme la cathédrale du Moyen Âge, reproduit symboliquement la Jérusalem terrestre.

Le temple maçonnique peut-être perçu comme un syncrétisme de tous ces aspects, à la fois sacré, central, cosmique et spirituel auquel s'ajoute l'idée que le temple c'est lorsque les francs-maçons sont rassemblés (ce n'est pas l'endroit qui honore l'homme, c'est l'homme qui honore le temple). Le temple est la réalisation et la figure du règne hiérarchique de la vérité et de la raison sur terre[34].

Dans les rites de la Franc-maçonnerie, inspirée par les bâtisseurs du Temple de Salomon, le temple adopte très clairement une dimension cosmique; sa voûte est constellée d'étoiles, lune et soleil y sont présents, les références aux points cardinaux ordonnent l'espace du temple, les circulations se font par rapport au mouvement des planètes. L'espace initiatique, c'est-à-dire l'endroit où s'accomplissent les rites, est en opposition classique avec le village, lieu social, lieu culturel, habité par des humains. La construction mythique de la Franc-maçonnerie est une cosmogonie et ceci non seulement parce que le sanctuaire représente le monde et son archétype céleste, mais aussi parce que le temple permet de vivre les divers cycles temporels exprimés par les rites.

---

[34] Georges Roux, *Le vrai temple d'Apollon à Délos*: <tinyurl.com/temple-de-Delos>.

Remarquons que le Temple de Jérusalem n'a pas été construit pour être visité par des hommes comme le seraient une église, une synagogue ou une mosquée. Il est littéralement la Maison de D.ieu, un lieu pour Lui seul[35].

Les Temples de Jérusalem

Lorsque le Temple fut construit à Jérusalem, il ne s'agissait que d'un lieu sacré parmi beaucoup d'autres, ce n'était pas le seul lieu de vénération pour YHVH Élohim. Les hauts lieux étaient tous envisagés comme légitimes en termes cultuels jusqu'à la réforme de Josias en 621. La multiplicité des sanctuaires était d'ailleurs expressément autorisée par la parole de Dieu qui prescrit même la manière de construire un autel[36]. On trouve de nombreux textes dans la Bible qui illustrent de telles pratiques[37]. Jacob n'avait-il pas à Sichem bâti un autel

---

[35] Consulter l'article de Gérard Foy, *Une histoire du Temple, dans le n°4 de 2021 de la Revue L'Initiation*, p.2: <tinyurl.com/linitiation-2021-4>.

[36] Exode (20: 21): Si toutefois tu m'ériges un autel de pierres, ne le construis pas en pierres de taille; car, en les touchant avec le fer, tu les as rendues profanes. Ibidem (20: 22) Tu ne dois pas non plus monter sur mon autel à l'aide de degrés, afin que ta nudité ne s'y découvre point.

[37] Josué sur le mont Ébal (Jos 8:30-32), Gédéon à Ophra (Jug 6:11,24), Manoah à Tsoréa (Jug 13:15,20), Mica sur la montagne d'Éphraïm (Jug 17:5), Samuel à Mitspa (1Sa 7:9 et suivant) Samuel à Rama (1Sa 9:12-18 7:17), les Hébreux à Guilgal (1Sa 11:15), Samuel à Bethléhem (1Sa 16:5), David sur l'aire d'Arauna (2Sa 24:25), Salomon à Gabaon (1Ro 3:4), Élie sur le Carmel (1Ro 18:30 et suivants).

(Ge;33,20) et élevé une pierre dressée à Béthel (Ge;28,18 et 35,14), et c'est dans le même endroit, à Sichem, que Josué avait élevé une grosse pierre sous un arbre justement![38].

Jérusalem ne fut pas choisi au hasard. En 2Chron;3,1, il est dit: Salomon commença à bâtir la maison du Seigneur à Jérusalem, sur le mont Moria; là, [le Seigneur] était apparu à son père David, qui avait fixé son choix sur l'emplacement lui appartenant dans l'aire d'Ornan, le Jébuséen.

Jonathan Smith résume les traditions juives et note:

~ C'est là que les eaux de la «Profondeur» furent bouchées au premier jour.

~ C'est la source de la première lumière de création.

~ Le site du Temple fut le premier lieu qui soit, et il est donc le «centre» du monde.

~ C'est de la que la poussière fut prise pour former Adam.

~ C'est le lieu du premier sacrifice d'Adam.

~ C'est le lieu du tombeau d'Adam.

~ C'est là que Caïn et Abel sacrifièrent, et la donc qu'Abel fut tué.

~ Le Déluge fut occasionne en soulevant la pierre de fondation du Temple et libérant les eaux de la Profondeur.

~ C'est sur le site du Temple que Noé sacrifia en premier aprés le Déluge.

---

[38] Jos,24, 26: Puis Josué consigna ces choses dans le livre de la loi divine; il prit aussi une grande pierre qu'il dressa en ce lieu, sous le chêne qui était dans le lieu consacré à l'Éternel.

~ C'est sur les lieux du Temple qu'Abraham fut circoncis.

~ C'est sur le site du Temple que se dressait l'autel de Melchisedech.

~ C'est sur ce site que se trouvait l'autel pour le sacrifice d'Isaac.

~ C'est sur le site du futur Temple, que Jacob eut sa vision de Béthel.

~ La Pierre de Fondation fut le rocher d'où Moise fit jaillir l'eau.

~ Yahve se tenait sur le site du Temple pour arrêter le fléau

Le Temple doit incarner la paix, le repos et la pérennité. Il est le service de D.ieu, l'une des trois enceintes, éléments du fondement des valeurs juives, avec la Thora dans le Saint des saints et la charité qui fait le lien au monde.

Pour comprendre *L'importance du temple*, visionner l'intéressant documentaire: <tinyurl.com/importance-du-Temple>.

Flavius Joseph dans *Antiquités judaïques* rapporte à propos du symbolisme du Temple de Jérusalem: «des trois parties du sanctuaire correspondent aux trois régions cosmiques (la cour représente la Mer - c'est-à-dire les régions inférieures - la Sainte Maison figurant la Terre et le Saint des Saints le Ciel; les 12 tranches qui se trouvent sur la table symbolisent les 12 mois de l'année; le candélabre avec 70 branches représente les Décans (c'est-à-dire la division zodiacale des sept planètes en dizaines) – le chariot de l'âme, la Merkéva».

Le Temple n'était pas construit sur un terrain plat[39] mais par degrés successifs à flanc du mont Moriah (pour une histoire géologique de la construction du Temple de Jérusalem, monographie du Haram-ech-Chérif[40].

Lorsque Jérusalem est devenue une ville chrétienne, le site même du Temple, ruiné, fut laissé en l'état mais, selon certains (Anonyme de Plaisance, Cyrille de Scythopolis, Grégoire de Tours), une église, commémorant la présentation de Jésus au Temple, fut construite par Justinien, entre 531 et 543, au bord de l'esplanade, Sainte-Marie-la-Neuve; elle sera détruite par les Perses lors du siège de Jérusalem en 614.

Selon le Coran, la construction du Temple fut commencée par le prophète Daoud (David) et terminée par son fils, Souleymane (Salomon). Souleymane l'aurait construit à l'aide des djinns qui étaient sous ses ordres. C'est en hommage à son père qu'il aurait fini les travaux.

Le Temple de Jérusalem fut tour à tour rempli et abandonné par la foule inconstante des Hébreux; un roi d'Égypte le pilla, un roi d'Israël trouvant que l'exemple méritait d'être suivi l'imita, un autre en ferma les portes et appela d'autres dieux sur d'autres autels. Ézéchias lui rendit un moment son éclat, mais son fils Manassé brisa le tabernacle de Jéhovah. Après quatre siècles d'existence et de fortunes diverses, il s'écroula dans l'incendie allumé par l'armée babylonienne. Rebâti après la captivité, devenu tout à la fois temple et forteresse, il fut renversé

---

[39] <tinyurl.com/illustration-Temple>.

[40] Melchior Vogüe, *Le Temple de Jérusalem, monographie du Haram-ech-Chérif*, ...<tinyurl.com/monographie-Temple>.

de fond en comble le 10 août 71 de l'ère chrétienne par l'armée de Titus. Sur ses ruines se sont élevés d'autres sanctuaires, tour à tour églises et mosquées, suivant que domine à Jérusalem la fortune de l'Orient ou celle de l'Occident[41].

Les destructions du temple annoncent les temps messianiques. Dans le fond, n'est-ce pas une idole qui fut détruite?

Aujourd'hui, il ne reste du Temple, comme vestiges, que les murs de soutènement de l'esplanade construite par Hérode et les restes des arches qui permettaient l'accès à l'esplanade. Pour Bob Cornuke, explorateur biblique, l'emplacement réel du Temple ne se situerait pas sur le mont (en fait emplacement de la garnison romaine) mais en bas, plus au sud, dans la ville de David[42].

La mosquée *Al-Aqsa*, la lointaine, est l'un des principaux lieux saints de l'islam. Entre 1969 et 1983, le dôme de la mosquée *Al-Aqsa* était recouvert d'aluminium par anodisation, ce qui lui donnait un aspect argenté. En 1983, par souci d'authenticité, on lui a redonné son revêtement d'origine en plomb, de couleur gris foncé.

À Venise, chaque synagogue n'est qu'un substitut du Temple de Jérusalem détruit. Pour rappeler cette faille, elle comporte un signe d'imperfection tel un petit défaut dans son pavage noir et blanc pour le rappeler[43].

---

[41] Compléter avec ce documentaire vidéo, *Le Temple de Jérusalem à travers les générations*: <tinyurl.com/Temple-de-Jerusalem >.

[42] Vidéo: <tinyurl.com/emplacement-Temple >

[43] Vidéo: <tinyurl.com/pavage-synagogue>.

Le Temple de Salomon

C'est le premier temple de pierre construit en l'honneur du Dieu des Hébreux. Avant la quatrième année du règne de Salomon, c'est en nomade que les Hébreux célébraient le culte de YHVH, dans une simple tente démontable et transportable, dans le Temple du désert pendant l'Exode, puis à Jérusalem en attendant la construction en dur (à *Ælia Capitolina* comme l'appela l'empereur romain Hadrien).

Selon Thomas Römer, ce sont les deutéromistes qui auraient inventé la construction rapportée dans la Bible. En fait, il considère d'après les sources, qu'**il s'agirait d'une rénovation qui aurait été installée dans le temple d'une divinité solaire, une chapelle annexe pour le dieu tutélaire des rois hébreux.**

Le temple agissait comme un foyer de la vie religieuse et culturelle, étant le lieu des sacrifices décrits dans la Torah sous le nom de *korbanot*. La date supposée de son achèvement se situerait aux alentours du Xe siècle av. J.-C., celle de sa destruction par les Babyloniens en -586 sous Nabuchodonosor.

Le Premier Temple ou Temple de Salomon aurait été construit, d'après la Bible, par le roi Salomon au Xe siècle av. J.-C. On le date d'après I rois, 6, 1: «ce fut la 480ème année après la sortie des enfants d'Israël d'Égypte, la 4ème année de son règne sur Israël, au mois de ziv, qui est le second mois, que Salomon commença à bâtir la maison de l'Éternel». Diodore de Sicile, cependant, en attribue, de façon erronée, sa construction à Moïse.

«Cette colonie avait à sa tête celui qu'on appelle Moïse, homme très remarquable par sa sagesse et par son courage. Ce Moïse, ayant pris possession du pays, y fonda diverses villes et -en particulier- celle qui est aujourd'hui la plus célèbre et qu'on appelle Jérusalem. Il fonda aussi le temple qui est l'objet chez eux d'une très grande Vénération».[44]

Les ressemblances avec d'autres temples de la région apparaissent dans l'ornementation et la construction. D'inspiration phénicienne, moabite et syrienne, construit avec l'aide de Tyr, ce Temple atteste du syncrétisme et du cosmopolitisme du roi Salomon.

La vraie nature de l'édifice est avant tout d'ordre spirituel, l'art n'existe que pour traduire l'idée; pour les deux civilisations, d'Israël et d'Égypte, on parle de sacralisation de l'art.
L'accès au Temple était réservé aux Cohen (les prêtres)[45]. Une structuration des autorisations d'accès de l'espace autour du temple était très stricte[46].

À travers le Temple, Salomon veut édifier une société ouverte sur la transcendance. Il veut opérer une transformation spirituelle du monde, le mener vers la voie de la perfectibilité, transmuter l'humain en divin: le Temple doit être l'image symbolique de l'homme et du monde démontrant qu'il faut d'abord vivre en esprit,

---

[44] Livre I de la Bibliothèque historique de Diodore de Sicile: <tinyurl.com/Diodore-Historique>.

[45] En voici une autre représentation de la structure de l'enceinte délimitant les zones d'accès: <tinyurl.com/zones-acces-Temple>.

[46] <tinyurl.com/espaces-acces-Temple>.

réaliser en soi même sa reconstruction afin d'accéder à la connaissance du temple céleste. «Le temple de Salomon n'était point simplement la reliure du livre saint, il était le livre saint lui-même. Sur chacune de ses enceintes concentriques les prêtres pouvaient lire le verbe traduit et manifesté aux yeux, et ils suivaient ainsi ses transformations de sanctuaire en sanctuaire jusqu'à ce qu'ils le saisissent dans son dernier tabernacle sous sa forme la plus concrète, qui était encore de l'architecture l'arche. Ainsi le verbe était enfermé dons l'édifice, mais son image était sur son enveloppe comme la figure humaine sur le cercueil d'une momie»[47].

L'entrée de l'édifice est à l'orient tandis que l'Arche d'Alliance est à l'occident (selon Ézéchiel, Ez 42,4: «La gloire de l'Éternel entra dans le temple par la porte qui est tournée du côté de l'Est». Cette orientation évoque le chemin qui provient de la lumière, chemin qui passe par une loi du devenir intérieur, par une transformation spirituelle, quête de l'intégrité personnelle.

Le Temple est le point de convergence entre Dieu et sa création, entre la Jérusalem terrestre et la Jérusalem céleste.
Les cabalistes se servent de la configuration du Temple pour y inscrire ce qu'ils appellent les quatre états de l'univers à travers quatre états de sacralisation. Partant des parvis on trouve ainsi:
Le monde de l'action: *Asiah*, le parvis.
Le monde des formes: *Yetsira*, lieu des émotions; le vestibule ou oulam (A).

---

[47] Victor Hugo, *Notre dame de Paris*, Livre V, Ceci tuera cela, 1865: <gallica.bnf.fr/ark:/12148/bpt6k5674470n/f97.item>.

Le monde des idées: *Briah*, lieu des pensées intellectuelles; le palais ou hekhal (B).

Le monde de l'émanation spirituelle: *Atsilout*, lieu des sentiments; le debir, qui a la même racine sémantique que dabar, la parole en hébreu (C). L'obscurité du Saint des saints ne doit pas être entendue en tant qu'absence de lumière, mais comme son principe non manifesté, la source invisible à l'origine de son aspect manifesté ou visible.

Ces mondes représentent un itinéraire à parcourir en partant du monde profane, visible, matériel, tangible vers un monde sacré, subtil, caché qui se dévoilera peu à peu à celui qui aura su se mettre en route.

Dans les ouvrages religieux médiévaux, les représentations des chantiers d'église s'intitulent «construction de Temple de Salomon».

La grande basilique Sainte-Sophie à Istanbul, le Dôme du Rocher à Jérusalem, le siège des Templiers et de nombreuses cathédrales médiévales furent tous conçus comme la réaffirmation symbolique de l'original.

Le Temple de Zorobabel

Le deuxième Temple, le Temple de Zorobabel, fut construit au retour de la captivité des Juifs à Babylone, vers 536 av. J.-C. Il fut terminé le 12 mars 515. Suite à la déclaration de Cyrus appelant Israël à revenir et à reconstruire la Maison de D.ieu à Jérusalem, la première chose que les Hébreux ont faite a été de construire l'autel de pierre, afin qu'ils puissent commencer à faire des offrandes le plus rapidement possible.

Le nouvel autel a été construit 52 ans après la destruction du premier temple, par Josué et Zorobabel à Jérusalem.

Comme l'avait fait Salomon, les constructeurs louèrent les services de Sidoniens et de Tyriens pour apporter les bois du Liban. «C'est la seconde année de leur arrivée au Temple de Dieu à Jérusalem, le deuxième mois, que Zorobabel, fils de Shéaltiel, et Josué, fils de Yoçadaq, avec le reste de leurs frères, les prêtres, les lévites et tous les gens rentrés de captivité à Jérusalem, commencèrent l'ouvrage, et ils confièrent aux lévites de vingt ans et au-dessus la direction des travaux du Temple de Yahvé» (Esd 3:8). Cependant on trouve en II Chroniques 34,12 c'est le roi Josias qui le rebâtit et que les travailleurs étaient sous la surveillance de Yahat et d'Obadyahou, Lévites de la famille des Merarites; et Zacharie et Mechoullam de la famille des Kehatites chargés de les diriger.

Le second Temple ne pouvait avoir le lustre du premier. De plus, certains éléments avaient été définitivement détruits ou perdus, et ne purent être remplacés: l'Arche d'Alliance, les Ourim et Thoummim, l'huile sainte, le feu sacré, les tables du Décalogue, le pot de manne, et le bâton d'Aaron. Il sera profané quand, sur ordre d'Antiochos IV, on dressera dans le Temple un autel dédié à Zeus et on force les Juifs à sacrifier de la viande de porc au dieu grec. Il sera reconsacré avec l'épisode de l'huile qui brûle 7 jours et qui donnera la fête de Hanoucca.

Le Temple d'Hérode

En l'an 37 avant notre ère, le sénat romain remet la couronne du Royaume de Judée à Hérode Ier le Grand qui retire le pouvoir politique aux prêtres. Le temple d'Hérode de Jérusalem est le nom donné aux extensions massives du Temple de Zorobabel et aux rénovations du mont du Temple, réalisées par ce roi paranoïaque et sanguinaire.

Ce projet débuta vers 19 av. J-C. Le bâtiment avait quarante-cinq mètres de haut et il fallut plus de quarante-six ans pour le construire (Jn 2, 20). Flavius Josèphe écrit que lorsque le soleil l'éclairait, on ne pouvait le fixer longtemps du regard tant on était ébloui par la blancheur de sa pierre et par l'or de ses décorations. La destruction de ce temple par les troupes romaines de Titus en 70 de l'ère chrétienne est relatée dans *La Guerre des Juifs* de Flavius Josèphe[48].

Le temple d'Ézéchiel

Voici ce que je vis: un mur extérieur entourait le Temple de tous côtés, et l'homme tenait en main une règle d'arpenteur longue de six coudées, en prenant la coudée longue, un peu plus grande que la coudée ordinaire. Il mesura l'épaisseur des murs de cette construction: elle correspondait à la longueur de sa règle. Il trouva la même dimension pour la hauteur». (Ézéchiel;40,5). Le temple de la vision d'Ézéchiel est celui de la Jérusalem celeste[49].

---

[48] Le Temple pendant la période d'Hérode, vidéo: <tinyurl.com/Temple-sous-Herode>.

[49] Article, *La Nouvelle Jérusalem est mesurée avec un roseau d'or*: <tinyurl.com/mesures-du-Temple>.

Du Temple au temple maçonnique

En Franc-maçonnerie, on appelle temple le lieu où se tiennent les tenues. Comme les cathédrales et tous les temples dignes de ce nom, les temples maçonniques sont orientés, au moins symboliquement: selon l'orient d'abord, d'où vient la lumière, puis le midi, où brille le soleil, le septentrion, domaine de la lune, enfin l'occident, où se trouve la porte qui conduit à l'extérieur de l'espace sacré. C'est un champ sémantique de symboles où "tout en assumant une dimension esthétique, l'ornemental aurait une vocation épistémique".

Les diverses sociétés de compagnonnage qui existent en France font remonter leur origine à la construction du Temple de Salomon; la plupart d'entre elles ont adopté le mythe d'Hiram, bien qu'elles se donnent des chefs particuliers. Quelques-uns des tailleurs de pierre s'appellent enfants de maître Jacques, qui était sculpteur et architecte, collègue d'Hiram, et auquel la légende attribue une vie et une mort assez semblables à celles de ce dernier. Le père Soubise, également employé dans les travaux du temple, est le patron des charpentiers.

Le Temple apparaît pour la première fois en 1637 en Écosse, mentionné dans le *Mot du maçon*, dans le milieu calviniste presbytérien.
La présence du Temple de Salomon dans la légende maçonnique s'inscrit dans le cadre des énigmes non résolues. Des 150 versions manuscrites des *Old Charges*, deux seulement en parlent, le *Régius*, 1390, et le *Cooke* peu après.

Pourquoi après un silence total qui dura 300 ans?

Y a-t-il eu cause à effet de ce que, en 1665 à Londres, un rabbin juif espagnol, Jacob Jéhu de Léon, exposa, sur requête du roi Charles II, une fort jolie maquette du Temple de Salomon[50] conçue en Hollande, qui attira une énorme attention, exposition qui se poursuivit avec le même succès jusqu'en 1765, soit pendant un siècle? Ou par la parution en 1688 d'un ouvrage *Le Temple de Salomon spiritualisé* de l'écrivain anabaptiste John Bunyan, auteur connu et réputé?[51]

Desaguliers, en bon pasteur anglican pensa, peut-être, que les réunions des FM devaient se tenir dans un temple, pour promouvoir le déisme newtonien car la construction d'un nouveau temple sur un ancien est une pratique bien commune chaque fois qu'une "religion" prend le dessus sur une autre. Ainsi les temples des anciennes divinités sont détruits et ceux des nouvelles sont bâtis généralement en dessus, pour ensevelir l'erreur et rendre les archéologues heureux. Par exemple cela fut répétitivement le cas dans l'implantation de la religion catholique: la Basilique de Saint Pierre, à Rome, fut bâtie sur un ancien temple de Zeus; l'église de Saint Nizier à Lyon sur un temple d'Attis; le Saint Sépulcre à Jérusalem est bâti sur un temple de Jupiter que les Romains avaient construit sur le Golgotha et ainsi de suite, les exemples sont très nombreux et les raisons très simples. D'une part on voulait imposer la nouvelle religion sans laisser trace du lieu de vénération de la précédente et ensuite on

---

[50] Image: <tinyurl.com/maquette-temple-Salomon>.

[51] John Bunyan, *Le Temple de Salomon spiritualisé*: <tinyurl.com/le-temple-spiritualise>.

savait que le lieu était sacré et il restait toujours un espace sacré.

Mais quel temple choisir? Forcément ce devait être un temple biblique, mais lequel choisir? Le premier temple de Salomon, celui de Zorobabel ou celui d'Hérode? Le premier, bien sûr, le seul dont les mesures sont si bien décrite dans plusieurs livres des Saintes Écritures.

Esquisse parfaite de l'univers pour Willermoz, hiéroglyphe universel pour Louis-Claude de Saint-Martin, **le Temple de Salomon est au cœur de la Franc-maçonnerie lithocentriste**. «La mesure mathématique de l'édifice dont il est dit qu'il est l'expression de la volonté divine exécutée par Salomon en regard des plans donnés à Moise par Dieu lui-même est à la base de toute recherche sur les lois fondamentales de l'univers. Cette relation directe entre la matière et la volonté divine ne pouvait qu'être une source et un modèle universel pour Newton. Ce modèle universel sera celui d'une spiritualité rationnelle rejetant le trinitarisme au profit du déisme, ce qui débouchera sur la recherche d'explications scientifiques et symboliques, établissant l'influence croisée entre l'homme et la grande nature en vue d'une nouvelle alliance». Appelé aussi le *Beth Hamikdach*, la maison de la sanctification, **le Temple de Salomon occupe une place prépondérante dans les rites de la Franc-maçonnerie comme toile de fond allégorique, symbolique et spirituel.**

Le Temple maçonnique se veut être une image du cosmos; de ce point de vue, le Temple de Salomon est l'Univers Solaire, et Hiram Abif, le Grand Maître bâtisseur du Temple, est le Soleil qui voyage à travers les douze signes du zodiaque, où il exécute le drame mystique de la légende maçonnique.

Il n'est pas sacré en lui-même, mais il le devient par la direction donnée à la pensée. Les francs-maçons viennent s'y parfaire par un travail sur soi, prenant comme modèle sa construction.

Pour le RER: D- Que représente la Loge? R- Le temple de Salomon réédifié mystiquement par les francs-maçons.
Construit à l'image de l'homme et à l'image de l'univers, étudier les symboles du temple, c'est étudier l'un et l'autre (Willermoz). Une analyse des symboles du «temple» maçonnique est donnée par Rebold dans *Histoire Générale De La Franc-Maçonnerie* de 1850[52].

Pour le REAA, le Temple maçonnique, à l'image de la Loge des Bâtisseurs de cathédrales, n'est pas le Temple lui-même dans lequel Dieu est censé venir résider selon la description qu'en donne le Livre des Rois, il est en construction à l'Occident et peut se confondre avec la cité.

Dans les rituels, par déformation, on emploie le mot temple de la même façon, alors qu'il ne devrait se rapporter qu'aux temples de la mythologie biblique et maçonnique (Temple de Salomon, d'Hérode, de Zorobabel, d'Énoch, etc.) Le terme juste est «loge» quand la loge est ouverte rituellement, «local de loge» ou «chambre de loge» quand il désigne le bâtiment (*lodge*

---

[52] Rebold, *Histoire Générale De La Franc-Maçonnerie* : <tinyurl.com/Histoire-Franc-maconnerie>.

room). En Écosse et en Irlande, on emploie aussi «chapelle» (*chapel*) et, bien souvent, cela en est une…Même si le décor du temple maçonnique évoque par certains aspects le Temple de Salomon, les travaux ne commencent ni se terminent dans le temple, mais dans la loge. L'espace dans lequel on représente les rituels n'est donc pas plus le Temple que la cathédrale ou la synagogue. Son apparence n'est qu'un paradigme soutenant le mythe, un décor de théâtre changeant avec les degrés des travaux, «un système de pensée complet et autonome, à l'intérieur de ses propres limites».

Le temple, en tant que local permanent consacré aux travaux maçonniques, fait l'objet d'une cérémonie de consécration spécifique.

RSE/RÉÉ. Le local, en tant que tel, distinctement de la loge (groupe humain), fait l'objet d'une cérémonie de consécration spécifique, de même pour le tablier du très Vénérable et de son collier (les deux étant transmis de successeur en successeur), ainsi que pour la Bible de la loge et, éventuellement, pour le glaive et la bannière.

Pour qu'il y ait œuvre d'architecture, il faut qu'il y ait conception.Pour créer le temple maçonnique, il suffit, en general, que 7 maçons régulièrement initiés se réunissent sous la voute étoilée (l'édifice serait donc, plutôt, un hypèthre), tracent sur le sol le tableau de loge, matérialisent les colonnes, le soleil, la lune, l'équerre, le compas. Il n'est même pas nécessaire que le volume de la loi sacré soit là, il suffit que les présents le mentalisent, que ceux-ci se placent aux postes des offices et ouvrent les travaux pour que le temple existe et devienne cet endroit sacré qui disparaitra à la fermeture des travaux.

Éclairage de la Construction

En Franc-maçonnerie, il est entendu que le temple ne préexiste pas: ce sont les maçons qui l'édifient à la fois collectivement (temple humanitaire) et individuellement (personnalité humaine, pierre cubique dite philosophale en hermétisme).

Le temple maçonnique, la loge, est le lieu d'une représentation symbolique du monde. Quelques rituels posent la question de ses dimensions à laquelle il est répondu: sa longueur va de l'occident à l'orient, sa largeur du septentrion au midi, sa hauteur du nadir au zénith. Le Sépher Yetsirah donne la même description de l'espace cosmique régenté par les 7 planètes associées aux lettres (authiot) doubles: «Sept doubles. Haut et bas, Est et Ouest, Nord et Sud». Les six extrémités: le dessus et le dessous, le devant et le derrière, la droite et la gauche correspondent aux six jours de la création.

Trois axes sont ainsi définis: orient/occident (est-ouest), l'axe de la lumière, celui de la direction des travaux et des questions-réponses entre le Vénérable et ses surveillants; midi/septentrion, (nord-sud), axe perpendiculaire et complémentaire au premier, il voit se répartir les membres de la loge autour de chacune des colonnes; nadir/zénith (haut-bas), axe de l'infiniment petit et de l'infiniment grand, de la terre et du ciel, du matériel et de l'immatériel. L'infini de cet espace indique au franc-maçon qu'il se construit en tous lieux.

Ajoutons à cela la dimension du temps et la dimension de la spiritualité. La vraie dimension du temple à bâtir est celle de l'homme à construire.

Comme l'écrivait Oswald Wirth: sachons nous transformer en temple et nous préserver de toute profanation afin que les Mystères qui s'accomplissent en nous soient ceux du véritable art royal! C'est le pouvoir contemplatif qui construit le Temple, et le Temple, dressé dans l'imaginal, devient, ainsi, réelle Porte du Ciel[53].

Le temple maçonnique est reconstruit à chaque ouverture des travaux et abattu à chaque fermeture de ceux-ci. La tenue est le lieu et le temps d'un chantier. Cette construction ne peut se réaliser que lorsque sont respectés et vérifiés, par les rituels sous forme de questions et réponses, les éléments d'espace, de temps et de qualité des participants: la loge couverte, l'âge des membres selon le degré d'ouverture. Les francs-maçons sont la présence du temple vivant dont les édifices ne sont que les symboles. En ce temple vivant, anthropomorphisé, qui a son image en chacun des francs-maçons, s'accomplissent les vrais Mystères, autrement dit ceux de la vie. Le symbolisme du temple maçonnique est une incitation à élaborer notre propre projet, notre propre architecture, en nous rappelant toutefois que le temps du projet, celui de la réflexion et de la conception, est un préalable nécessaire à celui du chantier, qui est le temps de l'action et de la réalisation.

Les rituels peuvent-ils à eux seuls fabriquer cet espace sacré? Cette architecture-là, immatérielle par nature, reste à construire, ou plutôt à reconstruire à chaque Tenue, à la fois à l'extérieur du temple et à l'intérieur de soi[54].

---

[53] Durand, *La pensée d'Henry Corbin et le temple maçonnique*: <tinyurl.com/Corbin-et-le-temple-maconnique>.
[54] François Gruson, *Architecture maçonnique, architecture de l'esprit*: <academia.edu/5183992>.

L'Histoire pittoresque de la Franc-maçonnerie et des sociétés secrètes anciennes et modernes par F.-T. B.-Clavel vous emmenera autour du monde, en 1844, à visiter quelques temples maçonniques remarquables[55], notamment à Altenbourg, Baltimore, Brunswick, Bruxelles, Cap de Bonne espérance, Darmstadt, Edinburgh, Francfort sur Mein, Freiberg, Gloeau, Gotha Halle, Leipzig, Londres, Marseille , New-York, Nordhausen , Paris, Philadelphie, Port-Au-Prince, Posen , Rotterdam.

Une visite contemporaine actualise le regard porté sur quelques uns de ces temples maçonniques dans le n°5 de la Revue maçonnique numérique *La Plume et la Pensée*[56]

Le numéro **6** de la Revue *La Plume et la Pensée* consacré aux «*Lieux du Souvenir, entre mémoire et histoire*» évoque en particulier *le siège du GODF* par Dominique Goussot; *le Siège de la GLDF* par Christophe Bitaud; *les sièges du DH* par Francois Mercier et *le Temple de Tours* par Christophe Bitaud [57].

---

[55] *L'Histoire pittoresque de la Franc-maçonnerie et des sociétés secrètes anciennes et modernes* par F.-T. B.-Clavel <tinyurl.com/temples-remarquables >.

[56] *La plume et la pensée n°5*: <tinyurl.com/la-plume-et-la-pensee>.

[57]*La plume et la pensée n° 6*: <tinyurl.com/monuments-pour-FM>.

Éclairage de la Construction

...

6 HIRAM, ROI DE TYR, UN PERSONNAGE MÉCONNU

Hiram roi de Tyr est le fils du roi Abchal, contemporain et allié de David et de Salomon.

La Franc-maçonnerie retient du roi de Tyr la triangulation qu'il compose avec le roi Salomon et le maître Hiram, en particulier par la fourniture de bois de cèdre du Liban qui entrèrent dans la construction du Temple de Jérusalem.

Et aussi Hiram, roi de Tyr, envoya ses serviteurs à Salomon, lorsqu'il eut appris qu'on l'avait sacré roi à la place de son père; car, de tout temps, Hiram avait été ami de David (IRois 5, 15). Et maintenant, donne des ordres pour qu'on me coupe des cèdres du Liban; mes travailleurs aideront les tiens, dont je te paierai le salaire selon ce que tu me diras. Car, tu le sais, il n'y a personne chez nous qui soit habile à couper les arbres comme les Sidoniens, (IRois 5, 20) La flotte de Hiram, qui avait apporté de l'or d'Ophira, apporta aussi du bois de santal, en fort grande abondance, et des pierres précieuses.Et de ce bois de santal le roi fit des balustrades pour la maison de YHWH et pour la maison royale, et des harpes, et des lyres pour les chantres. Il n'était point venu tant de bois de santal, et on n'en a point vu ainsi, jusqu'à ce jour (1 Rois 10,11-12).

De nombreux textes de la tradition rabbinique accordent à ce roi une place privilégiée peu évoquée par les francs-maçons.

Hiram de Tyr (le Talmud a une légende selon laquelle Hiram a obtenu 600 ans de Paradis pour récompense des Cèdres du Liban qu'il a fournis à la construction du Temple de Salomon) figure parmi les dix justes qui «sont entrés vivants dans le jardin d'Éden: Énoch fils de Jared, Eliézer le serviteur d'Abraham, Bithiah la fille de Pharaon, Seraḥ la fille d'Asher, le prophète Élie, le Messie fils de David, Ḥiram roi de Tyr, Eved l'Ethiopien, le serviteur du roi, Javetz b. Rabbi, et Yehoshua b. Levi»[58].

Josèphe, dans son traité contre Apion nous informe sur le témoignage de Ménander, que le roi Hiram a reconstruit le temple de Melkart [le dieu Ba'al de Tyr]. Si Hérodote est correct dans ses données, il doit alors avoir existé pendant plus de dix-sept siècles. Hiram aurait, alors, abandonné le vieux Tyr et a pris sa résidence sur le île adjacente, entourant la place de la ville avec de hauts murs de pierre de taille. D'où le temple, qu'Hérodote aurait vu, eut été celui d'Hiram.

Le livre *Yalkutt* (qui est une compilation du Midrash) dit qu'Hiram s'est construit, au milieu de la mer, un paradis de sept cieux (comme Babel), et que pour le punir de sa grande fierté, Youd a envoyé Nabuchodonosor contre lui

---

[58] Jean-Yves Legouas *Le messie dans la littérature biblique et rabbinique*: <tinyurl.com/le-messie-dans-litterature>.

qui aurait détruit son paradis et l'a démoli en morceaux quand il avait environ 600 ans[59].

Le Rav Touitou David raconte la vie de ce roi et rapporte aussi la fin tragique d'Hiram après sa défaite contre Nabuchodonosor[60].

À huit kilomètres à l'est de la ville de Tyr se trouve le Tombeau du roi Hiram de Tyr[61]. C'est un imposant mausolée et l'un des monuments les plus intéressants de Terre Sainte. Il est moins remarquable pour sa beauté et ses ornements que pour sa grandeur et sa durabilité. Couronnant une gracieuse colline, il se compose d'un piédestal et d'un sarcophage. Le premier est composé de quatre couches d'immenses blocs de calcaire, d'environ dix pieds de haut; ce dernier est taillé dans un bloc solide et mesure douze pieds de long, huit de large et six de haut et est surmonté d'un couvercle pyramidal de cinq pieds d'épaisseur. Les extrémités du couvercle sont biseautées, le haut arrondi et il est ajusté avec autant de soin qu'il est difficile de le retirer. Sur le côté nord du monument se trouve une voûte voûtée de 20 pieds carrés et 12 de profondeur, qui a sans aucun doute servi de lieu pour le repos final de la famille royale.

---

[59] John Yarker, *The Arcane schools*: <tinyurl.com/The-Arcane-Schools>.

[60] Vidéo du Rav David Touitou: <tinyurl.com/Hiram-roi-orgueilleux>.

[61] Gravure tombeau du roi Hiram de Tyr: <tinyurl.com/tombeau-Hiram-de-Tyr>.

Quelques mots sur les fameux cèdres du Liban[62]

Les cèdres sont avant tout des arbres «sacrés». Le narrateur les a liés de manière inséparable à bon nombre des événements les plus grandioses de l'histoire de la Bible. *Ce sont les «arbres du Seigneur», les «cèdres du Liban qu'il a plantés», (Ps. civ., 16.). Voici le reste de cette forêt dont le bois a été pris pour le Temple de Dieu à Jérusalem;* (IRois;5 et 6). Ils expriment la grandeur, la force, la puissance et la gloire. Mais en dénonçant les jugements du Seigneur sur les orgueilleux et les arrogants, le prophète déclare: «*Car le jour du Seigneur des armées sera sur tous ceux qui sont orgueilleux et élevés, et sur tous ceux qui sont élevés, et il sera ramené bas; contre tous les cèdres élancés et majestueux du Liban et les chênes du Basan*»(Isa, 2,12-13). Comme une illustration du mécontentement de Jéhovah avec la fierté royale, Il demande à Ezéchiel de parler ainsi au roi d'Égypte, et à sa cohue: «*Voici, il était sur le Liban un cèdre superbe, aux belles branches, à la frondaison ombreuse, haut de stature; sa cime perçait les nuages…*» (Ezéchiel;31,3-14) Briser les cèdres et secouer l'énorme masse sur laquelle ils poussent, sont des figures choisies par le psalmiste pour exprimer la majesté terrible et la puissance infinie de Dieu. «*La voix du Seigneur est puissante; la voix du Seigneur est pleine de majesté. La voix du Seigneur brise les cèdres; oui, le Seigneur brise les cèdres du Liban*». (Ps;29;4,5).

Les forêts de l'Est, toujours près du point d'allumage sous les rayons intenses d'un soleil vertical, sont fréquemment incendiées par l'insouciance de ceux qui se sont réfugiés dans leurs recoins, et l'élément dévoreur

---

[62] Gravure, John P. Newman, *From Dan to Beersheba*, Chap. XIV, 1892: <tinyurl.com/cedres-du-Liban>.

continue ses ravages jusqu'à ce que de vastes plantations soient consommées. À une telle conflagration, le prophète Zacharie compare les opérations destructrices des armées romaines sous Vespasien et Titus contre les Juifs, lorsque les nobles et les dirigeants ont été abattus, la ville et le temple réduits en cendres, le peuple soit mis à l'épée, soit vendu en esclavage, et tout le pays dévasté. «Ouvre tes portes, ô Liban! Que le feu exerce ses ravages parmi tes cèdres! Lamente-toi, cyprès, car le cèdre est tombé, les fiers géants sont abattus! »

Dans le deuxième partie du *Manuscrit Dumfries,* il est écrit: «Quel est le mystère du bois de cèdre? Le bois de cèdre, de cyprès et d'olivier n'est pas sujet à la putréfaction et ne peut pas être dévoré des vers; ainsi la nature humaine du Christ ne fut pas atteinte par la putréfaction et la corruption».[63]

La franc-Maçonnerie d'adoption, centrée sur Noé, évoque l'analogie entre l'incorruptibilité du bois de cèdre et le vrai maçon vertueux[64].

---

[63] p.14/16: <tinyurl.com/Dumfries-manuscript>.
[64] P.54: <tinyurl.com/vraie-maconnerie-d-adoption>.

7 LES OUVRIERS DU TEMPLE, CE QU'EN RETIENT LA FRANC-MAÇONNERIE

Selon les Textes (I Rois, 5, 13 à 18), les ouvriers du Temple de Salomon employés à la construction du Temple furent environ 183300 à savoir: 30000 hommes de corvée envoyés alternativement au Liban et sur le chantier, 70000 porte-faix, 80000 tailleurs de pierre dans la montagne et 3300 maîtres (*harodim*), mais selon II Chroniques 2,18, les maîtres furent 3600, mais selon IRois 9, 23 ils furent 550.

Les *Old charges* évoquent aussi le nombre d'ouvriers. Ainsi le *Manuscrit Cooke*[65] indiquerait qu'il y avait 80000 maçons à l'ouvrage tandis que le *Manuscrit Lansdowne*[66] indique 24000 *Workers of Stone*. Peu de manuscrits des *Old charges*, dans leur partie historique, indiquent le nombre exact.
C'est ce que rapporte les *Constitutions d'Anderson*: «3600 princes ou maîtres maçons pour conduire le travail d'après les instructions de Salomon, avec 80000 tailleurs

---

[65] *Score thousand masons at his werke*:
<tinyurl.com/CookeManuscript>.
[66] P.72/105: <tinyurl.com/Manuscrit-Lansdowne>.

de pierre ou compagnons dans la montagne; et 70000 manœuvres: en tout 153600 en plus de la levée, sous Adoniram, pour travailler dans les montagnes du Liban alternativement avec les Sidoniens, à savoir 30000, faisant en tout 183600».. Il est ajouté dans une note des *Constitutions* de 1723 (p.4): «Dans les Rois (I, v. 16), on les nomme *Harodim* (hé, resh, daleth, iod, mem), Gouverneurs ou Prévôts assistant le Roi Salomon et qui furent mis à l'Œuvre. Leur Nombre n'est que de 3.300; mais dans les Chroniques (II, v. 18), on les appelle **Menatzchim** (men, noun, teth, eth, iod, men), Surveillants et Consolateurs du Peuple au Travail, et ils sont au Nombre de 3.600. Il se peut que 300 d'entre eux pouvaient être de plus curieux Artistes et Surveillants des autres 3.300; ou encore, qu'ils n'étaient pas tellement excellents, mais seulement Maîtres-Adjoints pour les remplacements en cas de Décès ou d'Absence: ainsi, il y avait toujours 3.300 Maîtres actifs au complet. Ou bien encore, ils pouvaient être les Surveillants des 70.000, *Ish Sabbal* (aleph,iod,schin, samek,beth,lamed), hommes de Peine ou Travailleurs, qui n'étaient pas Maçons mais servaient les 80.000, *Ish Chotzeb* (aleph,iod,schin eth,tsadé,beth), hommes de Taille, nommés aussi *Ghiblim* (guimel,beth,lamed, iod,men), Tailleurs de Pierre et Sculpteurs, ou encore *Bonaï* (beth, noun, iod), Bâtisseurs en Pierre. Ils appartenaient en partie à Salomon et en partie à Hiram, Roi de Tyr. (Rois, I, v. 18)».

Les Giblim, leur nom viendrait de *Ghiblim* גְּבָלִים utilisé dans la Bible (IRoi 5, 32), avec la signification de maçon: «des Ghiblim (Gibléens) équarrissaient et façonnaient le bois et la pierre pour l'édification du temple». *Giblos* ou *Gibeah* est une montagne des environs de Jérusalem où, d'après la légende, fut extraite la pierre nécessaire à la construction du Temple.

Les Giblites habitaient la ville et la région de Gebal, en Phénicie, près du mont Liban, ils étaient sous la domination du roi de Tyr.

C'est avec la forme «Ghiblim» que le pasteur Anderson l'orthographie dans son Livre des Constitutions de 1738 où on lit [traduit de l'anglais]: il est dit qu'en 1350 Jean de Spoulce, appelé Maître des Ghiblim, reconstruit la chapelle Saint-Georges. Ce mot et son contexte d'utilisation semblent provenir de la *Geneva Bible* (1560) qui les mentionne en note de marge du verset de la Bible 1 Rois;5,18. On peut lire ce verset qui donne selon les traductions: «Les ouvriers de Salomon et ceux de Hiram, les Gibliens ou de Guebal ou des spécialistes de la ville de Byblos ou encore les ouvriers de Salomon et ceux de Hiram et les Giblites): le mot hébreu est Giblim גִּבְלִים, qui sont, dit-on, d'excellents maçons; ils sont généralement compagnons, parfois apprentis, jamais maîtres».

Calcott, dans son livre de 1769, *A candid disquisition of the principles and practices of the Society of free and accepted masons*, cite en outre 300 **harodim**, gouverneurs ou maîtres, 3300 **menatzchim**, surveillants canaanites, et 70000 qui étaient les survivants des anciens Canaanites, considérés comme des porteurs de fardeaux. [67]

---

[67] Wellins Calcott *A candid disquisition of the principles and practices of the ... Society of free and accepted masons:* <tinyurl.com/ouvriers-du-Temple>.

On trouve dans *Le parfait maçon ou les véritables secrets des quatre Grades d'Apprentis Compagnons, Maîtres ordinaires et Écossais de la Franche maçonnerie* de 1744: «Lorsqu'il fut question de réédifier le temple du Seigneur, Zorobabel choisit dans les trois états de la maçonnerie les ouvriers les plus capables; mais comme les Israélites eurent beaucoup d'obstacles et de traverses à souffrir pendant le cours de leurs travaux, de la part des Samaritains et des autres nations voisines, jamais l'ouvrage n'eût été conduit à sa fin, si ce prince n'eût eu la précaution de créer un quatrième grade de maçons, dont il fixa le nombre à 753, choisis entre les artistes les plus excellents. Ceux-ci, non seulement avaient l'inspection sur tous les autres, mais ils étaient aussi chargés de veiller à la sûreté des travailleurs; ils faisaient toutes les nuits la ronde, tant pour faire avancer les travaux que pour reconnaître les embûches, ou prévenir les attaques de leurs ennemis. Leur emploi étant beaucoup plus pénible que celui des autres maçons, il leur fut aussi accordé une paie plus avantageuse; et pour pouvoir les reconnaître, Zorobabel leur donna un signe et des mots particuliers».

Dans le *Rituel du marquis de Gages* de 1763[68] une précision de ce qui aurait pu être l'attouchement de reconnaissance du maître pour se faire payer lors de la construction du temple, avant la mort d'Hiram precise que *"Le mot qui fut changé par la mort que ces malheureux Compagnons donnèrent à notre Maître Hiram était «Jéhovah», la passe **3593, nombre des Maîtres** qui avaient la direction des travaux"*. Après la mort d'Hiram, on donna une signification à ces quatre chiffres, il est dit que: trois forment, cinq composent,

---

[68] <tinyurl.com/Rituels-MarquisDeGages>.

neuf furent députés pour aller à la recherche du corps du Maître et trois l'assassinèrent.

Les rituels du Rite York évoquent également les textes de l'Ancien Testament: «Pour sa construction, furent employés trois grands maîtres assistés de trois mille trois cents maîtres ou surveillants de l'ouvrage, quatre vingt mille compagnons ou tailleurs de pierre qui travaillèrent dans les carrières et les montagnes, et soixante dix mille apprentis ou porteurs de fardeaux», auxquels la Bible rajoute 30000 hommes de corvée.

Le Régulateur de la Grande Loge de 1801[69] donne ainsi le décompte des ouvriers: le dénombrement qui fut fait de tous les ouvriers les porte à 183300. L'histoire les nomme **prosélytes**, ce qui dans notre langue signifie étrangers admis, c'est-à-dire initié. Savoir: 5000 hommes destinés à couper les cèdres sur le Liban, qui servaient par tiers pendant un mois; 70000 apprentis, 80000 compagnons et 3300 maître. Les habitants du Mont-Cibel façonnaient les cèdres et taillaient les pierres.
Le 13ème degré du REAA (Chevalier de Royal Arche), indique qu'Il y avait 3568 Maîtres, qui avaient été actifs lors de la construction du Temple.

Notons que le ciment salomonique fut composé de farine de froment, de lait, de vin et d'huile. Cette singulière composition enseigne que l'Architecte employa douceur, bonté, sagesse et puissance pour cimenter le monde. Elle enseigne aussi que les pierres ne sont tenues que par le travail (le salaire) des ouvriers.

---

[69] *Le Régulateur de la Grande Loge de 1801:*
<tinyurl.com/Regulateur-GL>.

Les textes maçonniques présentent Salomon tout à la fois comme le maître d'ouvrage, le maître d'œuvre et l'architecte.

Les architectes jouissaient d'une grande considération aux yeux de philosophes tels que Platon ou Aristote; ils surpassaient les peintres et sculpteurs qui n'étaient, eux, que de simples imitateurs de la réalité.

En architecture, tout n'était que géométrie et nombres et comme toutes les sciences de l'époque, l'ensemble était intimement mêlé à la philosophie. Par exemple, lorsqu'un architecte inventa un décor scénique pour une pièce d'Eschyle en tenant compte de la perspective, l'innovation attira l'attention des philosophes Anaxagore et Anaximandre qui définirent, alors, scientifiquement les problèmes de la perspective. Le portrait qu'en trace Vitruve, et que reprennent à loisir tous les auteurs au XVe et au XVIe siècles, est celui d'un homme universel, connaissant naturellement les lois de la géométrie, les mathématiques, l'usage des matériaux de construction et l'art des fondations, mais aussi versé en optique, en météorologie, en musique, en médecine et en astronomie, et possédant une science suffisante de la philosophie, de l'histoire et de la jurisprudence…

Selon une légende, que rapporte notamment le troisième écrit du codex IX de Nag Hammadi, *il serait arrivé à Salomon de faire appel à des démons,* notamment, pour pouvoir achever la construction du Temple. On a ainsi déchiffré ce codex: «Le roi D[av]id, qui établi[t] le(s) fon[da]tion(s) de [Jé]rusalem, et [s]on [fi]ls Sal[o]m[o]n, [q]u'il engendra d[a]ns l'ad[ultère] (et) qui construisit Jérusalem [grâ]ce aux Démons, du fait qu'il avait reçu [un pouv]oir. Toutefois, quand il eut [fi]n[i] de [construire, il enfer]ma les Démons [dans le] t[empl]e (et) il [les mit da]ns sept [jarr]es. [Ils rest]èrent longte[mps da]ns les ja[rres], délaissés là-[bas]. Quand les Ro[m]ains fure[nt] m[on]tés à Jé[rusale]m, ils enlevèrent le couvercle [des] jarres e[t à ce mo]ment-là les D[émons] sortirent des jar[res] … [Cepen]dant, depuis ces jours-là, (les Démons) [demeurent] avec les hommes qui sont [dans l']ignoranc[e] e[t ils sont restés su]r la terre».

8 LE MYSTÈRE DU SHAMIR

John Yarker, dans un article sur *Le rite d'York et l'ancienne Maçonnerie en général*, remarque qu'«en vérité, des ouvriers complotèrent illégalement pour extorquer d'Hiram Abif un secret, celui de l'animal étonnant qui avait le pouvoir de couper les pierres. Le secret qui a été perdu par les trois Grands Maîtres est celui de l'insecte shermah (shamir), qui a été employé pour donner un parfait polissage aux pierres». Considérant cette remarque de Yarker, le secret opératoire du shamir serait-il «ce qui a été perdu»?

De même, dans la présentation du *Rituel Wooler*, qui ressemble au texte de Yarker, on lit dans un catéchisme du troisième degré: «Après la construction du Temple, les ouvriers du plus haut degré, connus sous le nom de «*Most «Excellent*», ont accepté les grands secrets concernant le noble In... Sh..., qui était ce qui constituait le secret des trois Grands Maîtres et [pour] lequel HAB fut tué»; l'utilisation d'abréviations prouvant le caractère autrefois ésotérique, ou supposé tel, de l'information.

Dans son *Miscellanea Latomorum*, le Dr William Wynn Westcott propose un passage d'un vieux rituel qui parle précisément du secret de l'insecte shamir et des trois

Grands Maîtres. Cette tradition maçonnique est ignorée de nos jours

Le shamir, de l'araméen *chamira*, «comme un silex», était un organisme surnaturel.

Le shamir était-il un minéral, une plante ou un animal?

Dans une légende abyssinienne, il est supposé avoir été une sorte de bois ou d'herbe.

En hébreu biblique, le mot shamir (שָׁמִיר) a été utilisé dans deux sens: soit une pointe faite d'une substance très dure comme le diamant (Jérémie 17,1; Zacharie 7,12), soit des épines acérées (Isaïe 5,6).

Le Talmud puis, plus tard, de grands rabbins ont décrit comment le shamir, en passant le long de la surface d'une pierre, peut la fendre de manière parfaite en deux morceaux. Le Talmud affirme que c'est le «regard» d'une créature vivante qui provoquait la cassure de bois ou de pierre. Selon Rabbi Ba'hya, le shamir aurait été utilisé par Betsaléel du temps de la construction du Tabernacle afin de graver les noms des tribus sur les pierres précieuses enchâssées dans le pectoral du Grand prêtre. Le bâton de Moïse éventuellement fait en shamir aurait ainsi pu fendre cette roche en deux pour en faire couler l'eau. Son essence surnaturelle venait du fait qu'il aurait été créé au crépuscule, la veille du premier shabbat, pendant les Six Jours de la Création[70].

---

[70] Dans le sixième chapitre du cinquième livre du Pirké Avot –le livre des pères- il est écrit: Dix choses ont été créées la veille du Shabbat au crépuscule: la bouche de la terre, la bouche du puits, la bouche de l'ânesse, l'arc-en-ciel, la manne, la verge (de Moïse), le shamir, l'écriture, la (pointe) graveuse, et les tables (de la Loi)

Ce shamir miraculeux aurait été spécialement créée au début du monde pour cette utilisation opératoire. Selon cette légende, quand Salomon demanda aux rabbins comment construire le Temple sans utiliser d'outil de fer, pour se conformer, bien sûr, à l'injonction du Deutéronome (Exode;20,21: Si toutefois tu m'ériges un autel de pierres, ne le construis pas en pierres de taille; car, en les touchant avec le fer, tu les as rendues profanes), ils attirèrent son attention sur le shamir par lequel Moïse avait gravé le Nom des tribus sur le pectoral du grand prêtre[71].

Dans l'Encyclopédie juive, dans les contes et légendes d'Israël[72], on trouve cette légende qui raconte que, sur la recommandation des rabbins et afin de ne pas utiliser le fer, Salomon taillait les pierres au moyen du shamir, un animal, un ver dont le seul contact fendait la pierre. On retrouve cette légende également dans la littérature arabe et même dans le Coran.

Dans la littérature talmudique, il existe de nombreuses références à *Shamir*. Des qualités inhabituelles lui ont été attribuées. Par exemple, il pourrait désintégrer quoi que ce soit, même dur comme des pierres. Parmi ses possessions, Salomon la considérait comme la plus merveilleuse. Le roi Salomon était désireux de posséder le Shamir parce qu'il en avait entendu parler. La connaissance du Shamir est en fait attribuée par des

---

[71] Pour comprendre l'importance du pectoral du Grand Prêtre des Hébreux par la symbolique des gemmes qui y sont enchassés, lire l'article n°2 de 1892, *Urim et Thumim*: <tinyurl.com/L-Initiation-nvembre-1892-2>.

[72] Arthur Weil, *Salomon et Asmodée*: <tinyurl.com/Salomon-et-Asmodee>.

sources rabbiniques à Moïse. Après avoir beaucoup cherché le Shamir de la taille d'un grain d'orge, il a été trouvé dans un pays lointain, au fond d'un puits, transmis à Salomon, mais étrangement, il perdra ses capacités et est deviendra inactif plusieurs siècles plus tard, à peu près au moment où le Temple de Salomon a été détruit par Nabuchodonosor.

Étonnant et curieux *Shamir*? Qu'est-ce donc?

On suppose que la légende est basée sur une corruption du mot *Smiris*, le grec pour l'émeri, qui a été utilisé par les antiques graveurs dans leurs œuvres et médaillons, et que le nom de Shamir est simplement la forma hébreu du mot grec[73].

Selon les auteurs médiévaux, Rachi, Maimonide et d'autres, *Shamir* était **une créature vivante**, un ver; soutenant que Shamir ne pouvait pas être un minéral parce qu'il était actif. Ce ver magique était doté du pouvoir de modifier la pierre, le fer et le diamant, par son simple regard. Par ailleurs, les sources rabbiniques ont transmis la description de la gravure des noms des douze tribus sur les douze pierres précieuses de la cuirasse du grand-prêtre (le pectoral); Moïse le fit non pas par sculpture, mais en écrivant avec un certain fluide et en les «montrant» à Shamir, ou en les exposant à son action. De l'avis des auteurs modernes, l'expression «montré à Shamir» indique clairement que c'était le regard d'un être vivant qui a effectué la division de bois et de pierres. On admet cependant que dans les sources talmudiques et

---

[73] Mackey, *Encyclopédie de la Franc-maçonnerie,* p. 709.: <tinyurl.com/shamir-grec>.

midrashiques, on ne dit jamais explicitement que le Shamir était une créature vivante. Alors Shamir/ schamir/ samur, comme on en trouve l'expression, un ver de la taille d'un grain, ou autre chose, une pierre selon les différentes sources littéraires?[74]

Une vieille source, *La Légende de Soliman et testament de Salomon* ouvrage écrit en grec, probablement au début du troisième siècle de l'ère actuelle, se réfère à Shamir comme **une pierre verte**, le shamir serait une pierre de cristal vert de grande puissance[75]

Un seul shamir est reconnu avoir existé. Il est sculpté en forme de **coléoptère**, scarabée de l'espèce *sacer ateuchus*. C'est la raison pour laquelle on a confondu le shamir avec un insecte.

Mais comment une pierre verdâtre aurait-t-elle pu couper le plus dur des diamants avec son seul regard?

Reprenons ce que raconte Louis Guinzberg, en 1909, dans *Les légendes des juifs*, qui, inspiré par l'exégèse rabbinique, rapporte l'histoire de manière très fantastique: le shamir fut créé au crépuscule du sixième jour avec d'autres choses extraordinaires. Il n'était pas plus grand qu'un grain d'orge et possédait le pouvoir remarquable de tailler les diamants les plus durs. C'est pour cette raison qu'il aurait été utilisé par Betsaléel (אל ל

---

[74] *The Shamir and the stone worm*: <tinyurl.com/shamir-et-pierre>.

[75] D'après les chroniques de Tabari Med Ibn Djarir, par Sabine Baring-Gould, Ahimaaz bin Tsadok, Louis Ginzberg, John D. Seymour, Chap.7, page 10 note 31: <tinyurl.com/legende-Soliman>.

בְּצַלְ), et non Moïse, du temps de la construction du Tabernacle pour graver les pierres du pectoral porté par le grand prêtre[76]. D'abord on traça à l'encre les noms des douze tribus sur les pierres qui devaient être serties dans le pectoral ensuite le shamir fut conduit sur les lignes tracées et celles-ci furent ainsi gravées. Circonstance miraculeuse, le tracé ne porta aucune particule de pierre.

On avait également utilisé le shamir pour tailler les pierres dont fut construit le Temple, car la loi interdisait d'utiliser des ustensiles de fer pour tout ouvrage destiné au Temple. Pour le conserver, il ne faut placer le shamir dans aucun réceptacle de fer, ni d'aucun métal, il le ferait éclater. On le conserve enveloppé dans une couverture de laine qui à son est tour est placée dans une corbeille de plomb remplie de son d'orge. Le shamir fut gardé au Paradis jusqu'au jour où Salomon eut besoin de lui. Il envoya l'aigle pour y chercher le ver.

La manière dont Shamir était gardé en sûreté peut nous donner un indice: «Le Shamir ne peut être mis dans un vase de fer pour la garde, ni dans aucun vaisseau métallique: il éclaterait un tel récipient. Il est gardé enveloppé dans de la laine à l'intérieur d'une boîte de plomb rempli de son d'orge. Cette phrase est tirée du chapitre 48b du Talmud de Babylone et contient un indice important; car, avec la connaissance actuelle nous pouvons facilement deviner qui ou plutôt ce qu'était Shamir: c'était une substance radioactive; les sels de radium, par exemple, agissant sur certaines autres substances chimiques, peuvent émettre une luminescence de couleur jaune-vert.

---

[76] <tinyurl.com/pectoral-grand-pretre>.

Cela expliquerait comment le pectoral du grand-prêtre avait été gravé: les lettres étaient écrites à l'encre, et les pierres étaient exposées l'une après l'autre au «regard» ou au rayonnement du Shamir. Cette encre devait contenir du plomb en poudre ou des oxydes de plomb. Les parties des pierres qui n'étaient pas protégées par le plomb se désintégrèrent sans laisser de particules de poussière qui, selon ce Talmud, paraissaient particulièrement merveilleuses. Les parties protégées par de l'encre de plomb se dressaient en relief sur la surface des pierres précieuses (la plupart des gemmes, tels que le diamant, le saphir, l'émeraude ou la topaze, sont décolorés par la radioactivité. D'autres pierres précieuses, comme l'opale, sont constituées de cristaux de silice hydratée. Le rayonnement alpha les désintègre en rompant la liaison avec l'eau; celle-ci se volatilise sans laisser de résidu).

La possession la plus précieuse de Salomon, son *Shamir,* n'a pas survécu avec le temps, il est devenu inactif. La version habituelle de l'histoire, «le Shamir disparu», ne correspond pas à la traduction exacte du texte hébreu. Le mot *batel* utilisé pour décrire la fin, ou la disparition, de Shamir n'a qu'une seule signification: "Pour devenir inactif.".

Dans les quatre cents ans qui ont passé de la construction du premier Temple à sa destruction par Nabuchodonosor en -587, une substance radioactive aurait pu devenir inactive (le radium perd environ un pour cent de sa radioactivité tous les 25 ans).

Le secret d'Hiram serait-il celui de l'utilisation d'une sorte de laser radioactif que les mauvais compagnons auraient voulu lui arracher?

Pour compléter cet aspect lire le texte *La physique moderne et le chamir.*[77]

---

[77] Lamed.fr, *La physique moderne et le chamir:*
<tinyurl.com/physique-et-chamir>.

9 NOTIONS D'ARCHITECTURE

L'espace public est lieu de mémoire et porteur de significations, économiques, historiques ou spirituelles qui dépassent et embrassent tout le territoire de la ville. Une création émergente dans un quartier peut avoir une résonance sur le reste de la ville. Les monuments montrent que la ville n'est pas seulement faite de pierres ou de béton mais aussi d'une histoire d'hommes qui, par leur activité, et leur créativité ont forgé son identité. Comme l'écrit Victor Hugo, «durant les six mille premières années du monde, depuis la pagode la plus immémoriale de l'Hindoustan jusqu'à la cathédrale de Cologne, l'architecture a été la grande écriture du genre humain. Et cela est tellement vrai que non seulement tout symbole religieux, mais encore toute pensée humaine a sa page dans ce livre immense et son monument».

De strictement religieuse, l'architecture grecque prend une tout autre dimension, et les cités hellénistiques vont peu à peu développer une architecture civile en pierre. Les principes de symétrie et de rationalisme sont toujours là, mais une nouvelle préoccupation apparaît: harmoniser l'architecture à la configuration des lieux et des paysages. Les théâtres, construits à flanc de colline, en sont de parfaits exemples. Partout, des bâtiments sportifs ou des résidences privées en pierre apparaissent tandis que les stoas délimitent le cadre urbain. Chaque édifice bénéficie dorénavant du même soin que l'architecture religieuse auparavant, et fait état d'un goût pour l'apparat et le faste.

Il est des lieux rendus privilégiés, reliés au sacré intérieur et collectif, qui permettent de s'élever vers une meilleure compréhension tant de soi-même et des autres que de l'Indéfinissable. Les lieux sacrés comme les cathédrales, de même que les temples antiques, et plus particulièrement le Temple de Salomon, sont construits selon des proportions humaines. Le plan de Chartres le met en évidence: à la croisée du transept se trouve le cœur, la tête étant au sanctuaire ou Saint des saints. Le maître d'œuvre travaille dans la matière qu'il doit animer et ses proportions rythmées répondent à une mathématique vivante, végétale ou humaine.

La conception théologique de l'art au XIIIe siècle peut se résumer en une recherche de médiété parfaite entre la beauté pure qui n'appartient qu'à Dieu et le miroir que doit lui offrir par son œuvre l'artisan-artiste afin qu'elle se révèle aux yeux des hommes. Dans un tel contexte spirituel, où le Monde est perçu comme étant l'œuvre du plus grand des architectes, il n'existe pas de véritable séparation entre l'esprit et la matière, l'art et la technique. D'après Jacques Trescases, «Une véritable architecture doit permettre une rencontre de la pierre et de la lumière dans un rapport qui ne soit pas celui de l'éclairage accusateur mais avec une volonté d'assomption de l'une vers l'autre. Dans ce touchement du divin et de la création humaine, dans ce ruissellement de lumière de balcon en colonne, de colonne en sculpture, la lumière devient une métaphysique et un partenaire au moins égal à l'homme». Charles-Edouard Jeanneret, dit Le Corbusier, définissait aussi l'architecture comme «le jeu correct et magnifique des volumes sous la lumière», par lumière il entendait la Connaissance[78].

Pour des considérations architecturales des constructions de L'Arche et du Tabernacle, ainsi que du Temple et des Palais de Salomon, voir le texte de Daniel Ramée consacré à la Judée dans son *Histoire générale de l'architecture... Tome 1.*[79]

L'architecture relève d'une science des rythmes qui sacralise l'espace. La lumière est toujours convoquée dans la conception des lieux de culte. Qu'ils soient religieux ou athées, les concepteurs semblent ne pas pouvoir faire d'autres choix que de manipuler la lumière. L'usage de la lumière dans les édifices du culte semble être consacré depuis Vitruve.[80] Son apport dépasse le simple fait d'utilité, elle devient une matière «donnant» la vie aux images des divinités. Nécessaire pour exprimer la beauté anagogique, elle favorise par son rayonnement l'idée du divin en sublimant les ambiances des lieux de méditation. On peut penser aussi que les relations des dimensions des constructions sont des nombres dont les vibrations induisent des états particuliers sur les êtres,

---

[78] <academia.edu/5184076/>.

[79] Daniel Ramée consacré à la Judée dans son *Histoire générale de l'architecture... Tome 1:* <tinyurl.com/etude-architecture>.

[80] Abdelouahab Bouchareb, *Vitruve: temples et lumière*: <tinyurl.com/temple-et-lumiere>.

permettant aux énergies spirituelles d'entrer dans le corps.
Certains édifices sont des livres de pierre, révélant le Grand Œuvre imagé, entre autre, par un bestiaire alchimique.

Selon Vitruve, l'architecte, en plus de maîtriser l'art de bâtir, doit être versé dans des disciplines aussi diverses que les lettres, la géométrie, l'optique, l'arithmétique, l'histoire, la philosophie, la musique, la médecine, le droit et l'astronomie, autant de domaines qui ont incontestablement fondé la conception italienne de l'architecte comme homme universel. Du Moyen Âge à la Renaissance, bâtir n'est pas une pure activité technique mais un art qui mobilise les connaissances humaines les plus élevées. La géométrie, cette science hors du commun qui trouve son sommet dans la stéréotomie, matérialise en quelque sorte l'aptitude du Maçon à saisir la complexité du monde[81].

Les livres des Constitutions d'Anderson, commencés par Anderson, poursuivis par Entick et Noorthouck, contiennent, sous le titre d'histoire de la Franc-maçonnerie, en réalité une histoire du progrès de l'architecture dès les premiers âges. Dans l'ancien manuscrit des Constitutions d'Anderson, la science de la géométrie ainsi que l'architecture sont en fait identique à la Franc-maçonnerie. Pour Roger Dachez, «l'architecture

---

[81] Un autre regard sur les origines opératives par José Gulino, dans *La Règle et le Compas ou de quelques sources opératives de la tradition maçonnique*, 2013.

est le lieu électif de l'expression d'une pensée et d'une philosphie religieuse et spirituelle du monde entier».

Victor Hugo termine le chapitre *Ceci tuera cela* dans *Notre Dame de Paris de 1482* par l'apologie du livre de papier contre le livre de pierre: «Tous les jours une nouvelle assise s'élève. Indépendamment du versement original et individuel de chaque écrivain, il y a des contingents collectifs…là aussi il y a confusion des langues, activité incessante, labeur infatigable, concours acharné de l'humanité tout entière, refuge promis à l'intelligence contre un nouveau déluge, contre une submersion de barbares. C'est la seconde tour de Babel du genre humain».[82]

Les architectes jouissaient d'une grande considération aux yeux de philosophes tels que Platon ou Aristote; ils surpassaient les peintres et sculpteurs qui n'étaient, eux, que de simples imitateurs de la réalité.

En architecture, tout n'était que géométrie et nombres et comme toutes les sciences de l'époque, l'ensemble était intimement mêlé à la philosophie. Par exemple, lorsqu'un architecte inventa un décor scénique pour une pièce d'Eschyle en tenant compte de la perspective, l'innovation attira l'attention des philosophes Anaxagore et Anaximandre qui définirent, alors, scientifiquement les problèmes de la perspective. Le portrait qu'en trace Vitruve, et que reprennent à loisir tous les auteurs au XVe et au XVIe siècles, est celui d'un homme universel, connaissant naturellement les lois de la géométrie, les

---

[82] Victor Hugo, *Ceci tuera cela* dans *Notre Dame de Paris* p. 142: <tinyurl.com/ceci-tuera-cela>.

mathématiques, l'usage des matériaux de construction et l'art des fondations, mais aussi versé en optique, en météorologie, en musique, en médecine et en astronomie, et possédant une science suffisante de la philosophie, de l'histoire et de la jurisprudence…

L'architecte médiéval emploie comme emblèmes de sa dignité les trois instruments de la géométrie: le compas, la règle et l'équerre. C'est donc avant tout aux connaissances théoriques et aux capacités conceptuelles qu'il se réfère et pas simplement au métier exercé. Pourtant les architectes des cathédrales gothiques sont passés sous silence. Pourquoi? Des réponses dans le texte de Laurent Ridel sur l'anonymat des architectes des cathédrales[83].

En architecture, un des problèmes est la référence de la mesure de base.

Voici une hypothèse séduisante: **avec la goutte d'eau, on va pouvoir tout mesurer!**
La crue du Nil durait 4 mois, apportant le limon dans les cultures. Pour retrouver les mesures des champs après la décrue, les harpédonaptes utilisèrent des cordes à nœuds. Le problème de l'unité de mesure de leur espacement était qu'il leur fallu trouver un référent fixe (les parties du corps de pharaon, pieds, coudées,…changeaient à chaque nouveau règne); une hypothèse séduisante retient que le diamètre d'une goutte d'eau du Nil fut retenu, sa dimension sur une surface imperméable est prétendue

---

[83] Laurent Ridel , *Décoder églises et chateaux. Pourquoi le nom de leurs architectes reste inconnu?* <tinyurl.com/architectes-inconnus>.

constante et mesure un centimètre; ils nommeront cette unité «doigt royal» (10 doigts royaux s'appelleront la main royale, le décimètre, 100 doigts royaux égalent une jambe royale, un mètre).

De plus, à partir du sixième de la circonférence de la jambe royale, la mesure de 52,36 (cm) gouttes d'eau deviendra la constante royale (coudée royale, appelée aussi la coudée hébraïque). Toute l'Égypte aura ainsi pour étalon, une constante universelle nommée la coudée royale, quelques gouttes d'eau! C'est ainsi qu'ils intégrèrent pour les mesures des pyramides, les constantes universelles qu'ils furent les premiers à découvrir, Pi (qui serait 22, les lettres de l'alphabet hébreu, divisé par 7), Phi, la coudée royale et la jambe royale comme, entre autres, dans la chambre royale de Khéops[84].

Ce n'est pas tant la mesure de l'unité qui compte mais les rapports entre les éléments de la construction qui vont produire les formes[85]. «Il faut savoir que l'essentiel du système géométrique de la première Renaissance est un système modulaire, dans lequel chaque ordre d'architecture définit une règle proportionnelle arithmétique entre les largeurs, les hauteurs et les profondeurs d'un édifice et de ses parties. Ce système modulaire, déjà largement décrit par Vitruve, permet de régler tout un bâtiment à partir d'un nombre entier de

---

[84] Pour les **mesures médiévales** se reporter à l'article d'Alexis Seyd: <irna.fr/Mesures-medievales.html>.
[85] Vidéo, Fehmi Krasniqi, *La grande pyramide K2019*: <tinyurl.com/Grande-pyramide>.

modules dont l'unité de base est déterminée par le diamètre de la colonne»[86].

L'Architecture maçonnique

Une analyse pertinente en a été faite par François Gruson dans sa thèse *Pratique rituelle et forme de l'espace: le temple maçonnique: forme, type et signification*[87]. Nous en retiendrons quelques réflexions.

L'architecture construite par des francs-maçons pour des francs-maçons (c'est-à-dire l'architecture des temples maçonniques) est maçonnique dans la mesure où elle met en œuvre un programme fonctionnel (lié principalement à la pratique du rituel et des agapes) et symbolique (par la mise en place de l'espace et des décors) lié à une pratique spécifiquement maçonnique.

L'étude des rituels anciens ou de l'iconographie telle qu'elle apparaît dès les origines dans les divulgations permet la reconstitution d'une véritable histoire des lieux maçonniques, depuis les tavernes (pubs à Londres, arrière-salles chez les traiteurs à Paris), salons de notables en province, puis locaux aménagés à cet effet, et enfin locaux strictement dédiés aux usages maçonniques, finalement dénommés «temples» après la Révolution. Le temple maçonnique constitue le plus souvent un décor,

---

[86] François Gruson: *L'esprit et le symbole en architecture, la divine proportion*: <tinyurl.com/la-divine-proportion>.
[87] François Gruson, *Pratique rituelle et forme de l'espace : le temple maçonnique : forme, type et signification*: <tinyurl.com/rituel-et-espace>.

comme un décor de théâtre, sur lequel l'interprétation symbolique peut prendre toute sa puissance.

Pour François Gruson l'architecture maçonnique est une sorte de véhicule qui nous permet de passer du monde matériel et tangible, celui du corps et de l'immanence, au monde immatériel, celui de l'esprit et de la transcendance. La constitution au XVIIIe siècle du temple maçonnique en tant que modèle architectural répond à un double besoin, à la fois mental et physique. Au plan mental, l'élaboration d'un système codifié de dispositifs spatiaux et ornementaux fixe les rôles des différents acteurs en même temps qu'il fixe les pratiques rituelles de la Franc-maçonnerie (proxémique). Au plan physique, ce modèle répond à une nécessité de pérenniser ces dispositifs et d'en faciliter la mise en œuvre matérielle, y compris dans ses aspects les plus pratiques.

Sur le frontispice de l'édition de 1786 des Constitutions d'Anderson, le graveur Cipriani représente le temple de la Grande Loge de Londres, (édifié en 1775-1776 sur les plans de l'architecte Sandby), chargé d'outils scientifiques symboliques et d'une nébuleuse apparition allégorique de vertus théologales (*La Vérité, tenant son miroir, illumine l'intérieur de Freemasons' Hall*).

Il convient pour autant de constater qu'apparaît clairement une distinction entre une architecture visible, voire montrée, qui est celle d'une Franc-maçonnerie institutionnelle rattachée aux pratiques religieuses ou politique du pays (pays anglo-saxons pour l'essentiel) ou de l'époque, et une architecte invisible, soit parce qu'elle a disparu, soit parce qu'elle peut sembler cachée en ce qu'elle n'est pas sensée être vue par lu public profane.

Le grand temple de la rue Jules Breton à Paris, siège de l'Ordre Maçonnique Mixte International Le Droit Humain, inscrit à l'inventaire des Monuments Historiques en juin 2013 «revêt une dimension militante visant à afficher, dans l'espace public, la nature et les convictions de l'Ordre et, à travers l'évocation des mythes originels, elle proclame, auprès des autres obédiences, la légitimité de la présence des femmes dans la Franc-maçonnerie».

La forme de l'espace architectural maçonnique est à comprendre comme le résultat d'une pratique ritualisée de l'espace.

Quelques temples maçonniques remarquables

Extrait de *l'Histoire pittoresque de la Franc-maçonnerie et des sociétés secrètes anciennes et modernes*
par F.-T. B.-Clavel (1844)[88]

ALTENBOURG (Haute-Saxe): Local de la loge Archimède, aux trois planches, un des plus beaux de l'Allemagne. Une médaille a été frappée à l'occasion de son inaugu ration. **BALTIMORE** (États-Unis): Temple maçonnique pour les assemblées de toutes les loges de cette ville. Cet édifice a coûté à la société 40000 dollars (212000 francs). **BRUNSWICK:** Local de la loge Charles à la colonne couronnée. **BRUXELLES:** Temple de la loge des Amis philantropes, un des plus beaux, des plus vastes et des plus complets que l'on connaisse. Il est

---

[88] F.-T. B.-Clavel , *Histoire pittoresque de la Franc-maçonnerie et des sociétés secrètes anciennes et modernes* :
<tinyurl.com/Clavel-Histoire-pittoresque>.

particulièrement destiné à con férer les différents grades du Rite écossais ancien et accepté, auquel appartient la loge. **CAP DE BONNE ESPÉRANCE:** La loge hollandaise, la Bonne Espérance, établie dans cette localité, a fait construire, en 1805, un magnifique temple, dont la dépense s'éleva au-delà d'une tonne d'or. **DARMSTADT:** Temple de la loge Saint-Jean l'évangéliste, à la Concorde, construit en 1817. Le grand duc de Hesse fit don du terrain, de tout le bois de charpente nécessaire, et d'une somme considérable, prise sur sa cassette et sur les fonds de l'État, destinée à couvrir les autres frais de construction. Le grand duc posa lui-même la première pierre de l'édifice, à la tête des frères, le 14 juin. C'est le premier exemple d'une procession publique de francs-maçons dans cette partie de l'Allemagne. **EDINBURGH:** Local de la Grande-Loge de Saint-Jean, dans Niddry-Street. Cet édifice était autrefois une salle destinée à donner des concerts, et qu'on appelait salle de Sainte Cécile. La Grande-Loge en fit l'acquisition et la fit approprier aux travaux maçonniques. Les loges de son ressort l'y aidèrent puissamment par leurs souscriptions. La seule loge de la Chapelle de Marie versa une somme de 1000 livres sterling (25000fr.). - La loge de la Chapelle de Marie est également propriétaire de la salle où elle tient ses séances, dans High-Street, à Edinburgh. **FRANCFORT SUR MEIN:** Chacune des loges de cette ville a fait construire à ses frais un local pour ses séances. La plupart de ces locaux ont coûté des sommes considéra bles. Des salles spéciales y sont consacrées à des cercles, fréquentés tous les soirs par les membres de la loge et par les maçons des autres ateliers de la ville, qui se visitent réciproquement. On y trouve des bibliothèques, des salons de lecture, et même des restaurantS. **FREIBERG** (Saxe): Temple de la loge aux

Trois Montagnes. **GLOEAU** (Basse-Silésie): Temple de la loge à la loyale Réunion. **GOTHA**: Temple de la loge Ernest au Compas. Construction très élégante et très jolie. **HALLE** (pays de Magdebourg). Temple de la loge aux Trois Epées. **LEIPZIG**: Bâtiments de l'École dominicale des francs-macons. **LONDRES**: Freemasons'hall. Ce magnifique édifice, dont la construction a coùté plus de 750000 francs à la maçonnerie anglaise, fut élevé en 1775. La longueur du bâti ment est de 92 pieds, sa largeur de 45, et sa hauteur de plus de 60. La décoration de la salle des séances en est d'une richesse inouïe. La voùte est ornée d'un soleil en or bruni, entouré des douze signes du zodiaque. L'orgue, qui est placé dans la partie orientale, a coûté 25000 francs. La Grande-Loge seule se réunit dans ce local. Beaucoup des loges de Londres, des comtés et des possessions d'outre-mer, ont fait aussi cons truire, à leurs frais, de vastes édifices pour la tenue de leurs assemblées. **MARSEILLE**: La plupart des loges de cette ville sont propriétaires du local dans le quel elles tiennent leurs séances. Le temple de la loge des Ecossais est un des plus vastes et des plus richement ornés que l'on connaisse. La loge, proprement dite, a de quatre-vingts à cent pieds de profondeur. **NEW-YORK**: Freemasons'hall. La première pierre de ce beau monument, fut posée le 25juin 1826. L'édifice est dans le style gothique puret construit en pierres granitiques. La façade est de 50 pieds; la profondeur de 125 pieds; la hauteur de 70 pieds, sans compter les tourelles qui en ont plus de 10. Parmi les singularités que présente cette contruction, il faut citer la porte du milieu, qui est de chêne massif, d'un seul mor ceau et de 4 piedsd'épaisseur. **NORDHAUSEN** (Thuringe): Temple de la loge de l'Innocence couronnée. C'est un édifice de construction toute récente. **PARIS**: Temple maçonnique, rue de la Douane. Ce temple, destiné aux séances du Grand-Orient de France et des loges de son ressort établies dans la capitale, n'a rien de remarquable à l'extérieur; mais l'intérieur est vaste, convenablement distribué et décoré avec autant de goût que de richesse. Les autres locaux de Paris sont exploités par des entrepreneurs qui les louent aux loges à tant la séance. **PHILADELPHIE** (États-Unis): Temple maçonnique dans le style d'architecture gothique. Cet édifice a été élevé par souscription, et a coûté des sommes énormes. C'est le plus beau monument de Philadelphie. La Grande-Loge et toutes les loges du ressort établies dans la ville et aux environs, les chapitres de Royale-Arche, et les campements de chevaliers du Temple et de chevaliers de Malte, y tiennent leurs assemblées à tour de rôle. Il fut bâti, en 1819, sur l'emplacement d'un autre masonic hall qui avait été détruit par le feu. Les commissaires chargés de recueillir les souscriptions se présentèrent chez le fameux Stéphen Gérard, si connu par son immense fortune. Il s'inscrivit pour 500 dollars (2675 francs). Surpris qu'un homme qui, depuis longtemps, avait cessé de fréquenter les loges, fit néanmoins un don si magnifique, les collecteurs se confondirent en remerciements au nom de la maçonnerie. «J'ai donc souscrit pour une bien forte somme!» dit Stéphen Gérard. Il reprit la liste, et ajouta un zéro au chiffre qu'il y avait inscrit; ce qui portait sa souscription à 5000 dollars, ou 26750 francs. Il en versa immédiatement le montant entre les mains des commissaires, en leur disant: «Ceci est plus digne de Stéphen Gérard, et justifiera un peu mieux vos remerciements». Dans beaucoup d'autres villes des Etats-Unis, les loges ont fait construire, à leurs frais, de beaux et vastes locaux maçonniques. Mais, soit caprice, soit que la construction de ces locaux manque des commodités nécessaires, les frères préfèrent généralement s'assembler à l'étage le plus élevé de quelque maison particulière. **PORT-AU-PRINCE:** Temple de l'Etoile d'Haïti, dont la première pierre fut posée solennement le 25 janvier 1842, par le grand-maître du Grand Orient d'Haïti, le général Inginac, et par une nombreuse affluence de maçons décorés de leurs insignes. **POSEN:** Temple maçonnique, construit en 1817, pour les assemblées des loges de cette ville. La première pierre en fut posée, avec un grand appareil maçonnique, le 5 mai, par tous les frères réunis. **ROTTERDAM:** Temple de la loge de l'Union, construit en 1805.

10 LES ORDRES D'ARCHITECTURE

Sur le cartouche dévoilé au cours de la cérémonie d'augmentation, lors du deuxième voyage du devenant compagnon, on peut y lire «Les Arts», parfois «Les ordres d'architecture».

L'ordre architectural est donné par les proportions et dispositions données aux parties d'un édifice de manière à former un ensemble, non seulement régulier, mais surtout harmonieux. Au XVIᵉ siècle, suggéré par Vitruve, Sebastiano Serlio dans son *Regole generali architectura* établit sur une planche les canons de l'architecture occidentale avec une représentation de cinq ordres qui vont devenir les classiques jusqu'à aujourd'hui. Ces cinq modes de disposer des éléments d'architecture ont été employés dans l'Antiquité: l'ordre dorique, l'ordre toscan, l'ordre ionique, l'ordre corinthien et l'ordre composite.

Un ordre se compose de **trois parties principales; le piédestal, la colonne et l'entablement.** Chacune de ces parties se subdivise en trois autres qu'on appelle aussi membres d'architecture. Ainsi le piédestal comporte une base, un dé et une corniche; la colonne une base, un fût et un chapiteau; l'entablement une architrave, une frise et une corniche. Il arrive parfois que l'on supprime la première des trois parties principales (le piédestal ou même la base de la colonne) sans que le reste ne cesse de constituer un ordre; mais lorsqu'on supprime l'entablement, ou lorsqu'on le modifie au point de le priver de l'une de ses trois parties constitutives, l'ensemble des membres restants ne peut plus recevoir le nom d'ordre.

Quant à la colonne, quelles que soient les suppressions de membres qu'on ait fait subir à un ordre, elle ne manque jamais, parce que c'est la partie essentielle, indispensable, et sans laquelle il n'existerait pas d'ordre architectonique. Aussi est-ce par la dimension de son fût que l'on règle les proportions des divers ordres, et par la forme et la décoration de son chapiteau qu'on les caractérise le mieux. Le principe fondamental des ordres est donc le module, c'est-à-dire la largeur de base, prise sur le diamètre de la colonne. Tout le système se décline ensuite selon un schéma purement proportionnel. Leurs rapports géométriques sont d'une extrême complexité.
Sur les cinq ordres retenus par l'architecture classique, deux, le toscan et le dorique, ont leur chapiteau uniquement composé de moulures alors que les trois autres ont leur chapiteau décoré de feuillages ou d'enroulements nommés volutes.

Les Grecs ont employé, le dorique, le ionique et le corinthien, auxquels les Romains ont ajouté le toscan et le composite. Selon Vitruve si la colonne dorique symbolise le corps de l'homme, l'ionique celui de la femme, l'ordre Corinthien symbolise le corps de la jeune fille. La référence à un végétal permet également d'en faire le symbole de la nature et, plus généralement, de la vie et de son renouvellement. Le système proportionnel détermine des caractéristiques morphologiques rapprochées de celles du corps humain. Ainsi, l'ordre dorique, considéré comme plus trapu en raison de ses proportions, est assimilé à la force virile. À l'inverse, la colonne ionique, plus élancée, est reconnue comme incontestablement féminine, en raison aussi de son chapiteau orné de volutes. Cette sexualisation des ordres d'architecture est importante dans la question du sens que l'on veut faire porter à l'édifice qui les emploie. Sans en faire une règle générale, on recourra à l'ordre dorique pour le temple dédié à Apollon à Delphes, l'ordre ionique pour le temple de l'Athéna victorieuse à Athènes, et l'ordre corinthien pour le temple de Vesta à Rome (On appréciera la complexité des ordres architecturaux avec *Les dix livres d'architecture de Vitruve, corrigez et traduits nouvellement en françois avec des notes et des figures*, 1673, en particulier le Livre IV de l'ouvrage qui évoque l'origine et l'invention des trois ordres principaux[89].

Un curieux article, *Le grand mystère des francs-maçons découvert*, publié en 1724, rapporte le contenu d'un document trouvé sur un franc-maçon mort, où on trouve questions et réponses de ce qui semble un livret d'instruction maçonnique dans lequel est mis en rapport

---

[89] *Les dix livres d'architecture de Vitruve, corrigez et traduits nouvellement en françois avec des notes et des figures,* à partir de la page 99: <tinyurl.com/les-ordres-principaux>.
Les amateurs d'órdre architectural liront avec intérêt le pensum en la matière écrit par Philibert De l'Orme en 1585 dans son ouvrage *Architecture,* au chapitre *Cinquiesme Livre:* <tinyurl.com/ordre-architectural>.
Voir aussi Les *Règles des cinq ordres d'architecture* de Giacomo Barrozzio De Vignole: <tinyurl.com/regles-architecturales>.

les ordres d'architecture et les formes géométriques: le Toscan, le Dorique, l'Ionique, le Corinthien et le Composite correspondent à la Base, à la Perpendiculaire, au Diamètre, à la Circonférence et à l'Equerre[90].

«On pourrait s'interroger sur l'usage maçonnique non traditionnel d'assimiler les trois piliers de la loge à trois colonnes d'ordres différents. Si l'on peut comprendre l'assimilation de la Force avec la virilité dorique et la Beauté à la féminine élégance du corinthien, oncomprend moins le rapprochement de la Sagesse à l'ionique. Ceci nous rappelle, s'il en était besoin, à quel point l'interprétation du langage symbolique reflète avant tout les préoccupations de l'époque qui les formule»[91].

William Preston dans son ouvrage *Illustrations of masonry*, précise les classes particulières de l'Ordre architectural et explique les qualifications requises pour l'avancement dans chacune[92].

L'Ordre composite

L'ordre composite est un ordre d'architecture de création romaine dont l'aspect, par combinaison des chapiteaux ioniques et corinthiens, est spécialement déterminé par

---

[90] À télécharger pour lire *Le grand mystère des francs-maçons découvert*: <tinyurl.com/textes-a-telecharger >.

[91] Note 15 de François Gruson du texte: <academia.edu/5184244>.

[92] William Preston, *Illustrations of masonry*: <tinyurl.com/illustrations-FM >.
Pour comprendre la différence entre style roman et style gothique, Laurent Ridel, *Roman vs Gothique*, vidéo: <tinyurl.com/roman-vs-gothique >.

un chapiteau à volutes et à feuilles d'acanthe. La colonne composite a une hauteur valant dix diamètres.

Wiliam Preston en dit: Le Composite est composé des autres ordres et a été inventé par les Romains. Son chapiteau a les deux rangées de feuilles du corinthien, et les volutes du ionique. Sa colonne a le quart de rond comme les ordres toscan et dorique, est haute de dix diamètres, et sa corniche a des denticules ou modillons simples.

Ce pilier se retrouve généralement dans les bâtiments où la force, l'élégance et la beauté sont unies.

L'Ordre corinthien

Il serait dû au sculpteur Callimaque de Corinthe.

L'art corinthien est apparu au IVe siècle av. J.-C. Tout comme l'ordre ionique, il s'attache à représenter des motifs décoratifs. La nature offre des modèles aux sculpteurs. Ainsi, pour orner le chapiteau, les artistes ont imité une plante ornementale aux feuilles élégamment découpées, appelée acanthe, et c'est ce décor végétal, qualifié de virginal, qui définit l'ordre corinthien. L'ordre corinthien est le second des trois ordres architecturaux grecs. Selon Vitruve si la colonne Dorique symbolise le corps de l'homme, l'Ionique celui de la femme, l'ordre Corinthien symbolise le corps de la jeune fille. Vitruve en explique l'origine dans le premier chapitre du Livre IV de ses *Dix livres d'architecture*:[93] «Une jeune fille de Corinthe, étant morte, sa nourrice posa sur son tombeau un panier contenant ses objets familiers. Pour protéger son contenu, elle mit une tuile sur le dessus. Le panier ayant

---

[93] Vitruve, *Dix livres d'architecture*: <tinyurl.com/ordre-corinthien>.

été placé sur une racine d'acanthe, les feuilles et les tiges l'enveloppèrent bientôt et contraintes par la tuile, se recourbèrent, formant ainsi des volutes. Le sculpteur athénien Callimaque passant auprès de ce tombeau, séduit par cette disposition inattendue des feuilles autour de la corbeille, décida de l'imiter et de l'adapter aux colonnes qu'il réalisait en réglant sur ce modèle les proportions et le style de l'ordre Corinthien».

Wiliam Preston en dit: Le corinthien, le plus riche des cinq ordres, est considéré comme un chef-d'œuvre de l'art et a été inventé à Corinthe par Callimaque. Sa colonne a dix diamètres de haut, et son chapiteau est orné de deux rangées de feuilles et de huit volutes qui soutiennent l'abaque. La frise est ornée de curieux dispositifs, la corniche de denticules et de modillons. Cet ordre est utilisé dans les structures majestueuses et superbes:

L'Ordre dorique

Son nom lui viendrait de Dorus, fils d'Hellên, roi d'Achaïe et du Péloponnèse.L'art dorique, le plus ancien, s'est épanoui au Ve s. av. J.-C. Vingt cannelures apportent du relief aux colonnes massives qui se terminent au sommet par des chapiteaux à échine plate, lisse, sans sculpture, nue, sans décors. Le style dorique est caractérisé par l'absence de base.

Vitruve explique qu'il est construit sur la base des proportions du corps humain de sexe masculin: «Quelle que fût la grosseur d'une colonne à son pied, ils [les architectes] lui donnèrent une hauteur sextuple, y compris le chapiteau. C'est ainsi que la colonne dorique prit l'empreinte des proportions, de la force et de la beauté du corps de l'homme»[94].

L'ordre dorique est le plus simple, le plus dépouillé des trois ordres grecs. Wiliam Preston en dit: L'ordre dorique, simple et naturel, est le plus ancien et a été inventé par les Grecs. Sa colonne a huit diamètres de haut et a rarement des ornements sur la base ou le chapiteau, à l'exception des moulures; bien que la frise se distingue par des triglyphes et des métopes, et les triglyphes composent les ornements de la frise. La composition solide de cet ordre lui donne une préférence, dans les structures où la force et une noble simplicité sont principalement requises. Le dorique est le mieux proportionné de tous les ordres. Les diverses parties dont il se compose sont fondées sur la position naturelle des corps solides. Dans sa première invention, il était plus simple que dans son état actuel. Plus tard, lorsqu'elle commença à être ornée, elle prit le nom de dorique; car lorsqu'il a été construit dans sa forme primitive et simple, on lui a conféré le nom de Toscane. Par conséquent, le toscan précède le dorique en rang, à cause de sa ressemblance avec ce pilier dans son état primitive.

L'Ordre ionique

Il viendrait des Ioniens d'Asie et du temple d'Éphèse.
L'ordre ionique se développe dans la deuxième moitié du Ve siècle av. J.-C. Il se caractérise par l'ajout, au sommet des colonnes cannelées qui se sont affinées, d'un motif sculpté. Une volute s'enroule comme une spirale en haut

---

[94] Ibid: <tinyurl.com/ordre-dorique>.

du fût de la colonne. L'ordre ionique (appelé également colonne ionique) est révélé notamment par son chapiteau à volutes, par son fût orné de 24 cannelures, et par sa base moulurée. Dans les volutes serait évoquée l'onde de la déesse de la beauté, Vénus, la dame de la mer parce que née de la mer, qui renvoie à Aphrodite, Astarté ou Asherah. Vitruve raconte que les Ephésiens, à l'occasion de l'édification du temple à Artémis (Diane), divinité féminine, ont souhaité créer un ordre dont les proportions seraient celles du corps de la femme, plus élancée, soit une hauteur huit fois égale au diamètre de la colonne[95].

Wiliam Preston en dit: L'ionique porte une sorte de proportion moyenne entre les ordres les plus solides et les plus délicats. Sa colonne est haute de neuf diamètres; son chapiteau est orné de volutes et sa corniche de denticules. Il y a à la fois de la délicatesse et de l'ingéniosité dans ce pilier; dont l'invention est attribuée aux Ioniens, comme était de cet ordre le fameux temple de Diane à Éphèse. On dit qu'il a été formé d'après le modèle d'une jeune femme agréable, d'une forme élégante, coiffée; en contraste avec l'ordre dorique, qui a été formé après celui d'un homme fort et robuste.

L'Ordre toscan

L'ordre toscan, ordre de l'architecture classique, est une forme simplifiée de l'ordre architectural dorique grec. Les colonnes toscanes ont sept diamètres de hauteur, y compris la base et le fût. L'échine est plus arrondie et le fût plus galbé. Vignole assigne à l'ordre toscan les proportions suivantes: entablement, 3 modules et 6

---

[95] Ibid: <tinyurl.com/ordre-ionique>.

minutes ou 3 modules ½, dont 1 module 4 minutes pour la corniche, 1 module 2 minutes pour la frise et 1 module pour l'architrave; colonnes, 14 modules, dont 12 pour le fût, 1 pour la base et 1 pour le chapiteau; piédestal, 4 modules 8 minutes, dont 3 modules 8 minutes pour le dé, 6 minutes pour la base et 6 pour la corniche; diminution de la base au sommet, 6 minutes; entrecolonnement, 4 modules 8 minutes. Ce qui caractérise surtout l'ordre toscan, c'est l'absence de tout ornement.

Wiliam Preston en dit: Le toscan est le plus simple et le plus solide des cinq ordres. Il a été inventé en Toscane, d'où il tire son nom. Sa colonne a sept diamètres de haut; et son chapiteau, sa base et son entablement n'ont que peu de moulures. La simplicité de construction de cette colonne la rend éligible là où la solidité est l'objet principal, et là où l'ornement serait superflu.

Ce n'est que par les historiens que nous connaissons l'existence de cet ordre car aucun spécimen de construction toscane antique ne nous est resté sauf à le rapprocher de l'ordre palladien[96].

Est-ce que c'est un style considéré comme trop «Stuartiste» que les Hanovriens de la Constitution dite d'Anderson ne l'ont pas retenu parmi les styles d'architecture?

---

[96] Wikipédia: <tinyurl.com/ordre-palladien >.

11 L'OBÉLISQUE, UN MONUMENT POUR QUELLE GRANDEUR?

Le sens des obélisques

Broche à rôtir c'est ce que signifie en grec le mot *obéliskos* **qui a donné obélisque.** L'origine du nom nous dit la forme: un pieu pour traverser l'animal à rôtir. Notre obélisque s'est redressé et ce qu'il traverse c'est le ciel, l'espace, il est une flèche pointée en direction du centre immuable de la lumière: le soleil; **il devient lui-même un rayon de soleil.** L'obélisque sera l'intime de ce que **permet de faire** le soleil. Le soleil donne le temps, celui qui partage le jour, celui qui répète les saisons.

Le soleil regarde la terre et la mesure. Interrogeons le.
Dis soleil, quelle heure est-il?
L'obélisque sera **gnomon,** aiguille de cadran solaire géant dont l'ombre portée indique le temps; et plus il est haut, plus les calculs sont précis.
Au temps d'Edfou, entre Karnak et Assouan, construit sur l'ordre de Ptolémée III et de son fils, il y a un pylône célèbre, le 6ème qui a joué le rôle de gnomon.
L'empereur Auguste en fit construire un à Rome, sur le Champ de Mars, en l'an 10 avant notre ère. Le cadran

était constitué d'un obélisque de 22 mètres de hauteur environ, rapporté d'Héliopolis. L'obélisque se trouve toujours à Rome, mais sur la place Montecitorio. Il portait une ombre sur un demi-cercle tracé sur un pavage de marbre au sol. Il ne comportait pas de graduation et l'heure était uniquement indiquée par la position de l'extrémité de l'ombre, repérée grâce à des lignes horaires. Ce type de cadran solaire a un inconvénient: l'extrémité de l'ombre devient floue dans la pénombre. Pour y remédier, les Romains ont placé une sphère en haut de l'obélisque, qui portait une ombre plus nette.Déjà pour Anaximandre (présocratique) la pointe du gnomon est l'image de la terre flottant dans l'univers, comme les cathédrales seront les coques renversées du bateau-terre glissant dans les cieux.

Dis soleil, quelle date sommes-nous?
L'obélisque sera bien sûr **méridienne**

L'image du Soleil se projette chaque jour sur la ligne méridienne au moment du vrai midi solaire. Chaque jour, cette image change de place sur la ligne méridienne et marque ainsi la date. Les positions extrêmes sont atteintes aux solstices. Une méridienne est ainsi un calendrier naturel.

À Paris, deux méridiennes historiques existent: L'une, tracée selon les calculs de Gio Domenico Cassini par son fils Jacques, se trouve à l'observatoire. L'autre, commencée par l'horloger Henri Sully et achevée en 1743 par l'astronome Charles Le Monnier se trouve dans l'église Saint Sulpice. C'est une bande de cuivre de 40 mètres de longueur encastrée dans le marbre: elle part du transept Sud et se poursuit jusqu'à un obélisque placé contre le transept Nord qui reçoit des tâches de lumière indiquant les équinoxes. La ligne de cuivre établie en

1727, représente la course du rayon de soleil qui pénètre dans l'église par un trou situé dans la fenêtre sud de la croisée. Le rayon termine sa course à son extrémité nord sur l'obélisque, où sont tracés des repères verticaux. En fonction de la hauteur atteinte par le rayon du soleil sur l'obélisque, on arrivait ainsi à déterminer l'équinoxe du printemps, le dimanche de Pâques et l'heure de midi. Cet ensemble est ce qu'on appelle une méridienne.

Dis soleil, donne nous la mesure de la terre

En grec, ce mot de gnomon désigne ce qui comprend, décide, juge, interprète et distingue, règle qui permet de comprendre. La construction du cadran solaire met en scène l'ombre et la lumière naturelle interceptés par cette règle, appareil de connaissance.

C'est à l'aide d'un obélisque (en l'occurrence le phare d'Alexandrie construit vers 300 av. J.-C.) qu'Ératosthène (il fut nommé à la tête de la bibliothèque d'Alexandrie), vers 205 avant notre ère, calcule la première estimation de la circonférence terrestre. La méthode utilisée par Ératosthène est décrite par Cléomède dans sa *Théorie circulaire des corps célestes*.

En se servant de la différence d'inclinaison des ombres du Soleil, le jour du solstice d'été. Ératosthène sait qu'à Syène, aujourd'hui Assouan en Égypte, le jour du solstice d'été, à midi, les rayons solaires tombent verticalement par rapport au sol parce qu'ils éclairent un puits jusqu'à son fond. Au même moment à Alexandrie, ville située à peu près sur le même méridien mais plus au nord, le Soleil n'est pas au zénith. L'obélisque de cette ville y projette en effet vers le Nord une ombre bien mesurable. Avec la verticale du lieu (la hauteur du phare), la longueur de l'ombre de l'obélisque permet de connaître l'angle que fait la direction du Soleil et par là même de déterminer celui que font les deux villes à partir du centre de la Terre. Pour en déduire la valeur d'un méridien (circonférence passant par les pôles), il «suffit» à Ératosthène d'estimer la distance séparant les deux villes. Selon le mythe, un bématiste[97] compta alors 5000 stades. Le calcul de proportionnalité avec un angle de 7,2 degrés (l'angle au centre égal celui calculé sur la surface d'après la propriété des angles alternes-alternes) et une mesure de 157,5 mètres pour 1 *stade* donne 39375 km (le cercle ayant 360° le calcul s'établit ainsi: 5000x157,5/7,2x360) à comparer avec les 40007,8 actuellement mesurés!

Ainsi le gnomon, donnant ce passage du lumineux au sombre, dit qu'il connaît. Cette idée est dans ces paroles de Michel Serres: «Oui, la géométrie porte justement le nom de sa mère la terre sur laquelle ce qui tombe du ciel se mesure. Jalonnée à l'aide du gnomon, elle demeure à l'ombre comme un fondement, comme une fondation creusée sous la science; la géométrie sommeillait sous la terre ou rêvait dans l'éclat du soleil. Le gnomon des anciens Grecs ou des Babyloniens l'a, peu à peu, réveillée le long des formes singulières communes à l'ombre et à la lumière». C'est ce que fit Thalès en élaborant au VI e siècle avant J.-C. les fondements de la géométrie, il le fit notamment dans l'ombre de la pyramide de Khéops. Ayant établi un rapport entre la taille de sa propre hauteur et de son

---

[97] Un bématiste (du grec ancien βηματιστής) est un arpenteur de la Grèce antique qui mesurait la distance entre deux points en comptant le nombre de pas (en grec βῆμα / bêma); ici en l'occurrence ceux d'un chameau dont les pas étaient réputés égaux et réguliers.

ombre portée sous le soleil égyptien, et ayant mesuré la longueur de l'ombre de la pyramide, il transposa ce même rapport pour calculer la mesure de la hauteur de la pyramide. Ce rapport qui permet de passer du petit au grand, dans la similitude des proportions, est dit rapport d'homothétie.Peut-être fut-ce un bâton planté dans le sable qui servit de mesure? Peut-être était-ce Khéphren ou Mykérinos, peu importe. Nous sommes, comme Thalès, à l'ombre de toutes les pyramides qui, dans un rapport d'homothétie, à partir de l'ombre d'un bâton ou de nous-mêmes debout dans toutes les lumières, nous permettent de calculer l'immensité, de la ramener à notre dimension ou inversement de nous donner la mesure du plus grand que nous.Nous sommes des géomètres parce que nous sommes entrés ici».

L'obélisque sera l'intime de la représentation symbolique du ciel et de son immensité.

Par sa **verticalité**, l'obélisque s'apparente à la vaste famille des pierres levées, il devient le lien entre ciel et terre, le médiateur entre ici-bas et l'infini, entre la finitude de la vie et l'éternité de la mort. C'est pourquoi l'obélisque sera dressé, comme un lien avec les forces cosmiques, à l'entrée des temples, des tombeaux.

Pour les Égyptiens, le sommet de l'obélisque, appelé pyramidion, est souvent recouvert d'or parce qu'il est la montagne cosmique, la colline primordiale, la première terre émergée des eaux sur laquelle se posa le premier rayon de soleil. Une idée analogue est prêtée à Hermès Trismégiste pour qui le sommet pyramidal symboliserait le *verbe démiurgique, puissance première inengendrée mais émergée du père et gouvernant toute chose créée*. C'est pourquoi les obélisques pouvaient être faits de matériaux précieux: Thoutmosis III (v. 1504 – v. 1450 av. J.-C.) fit édifier deux obélisques en électrum massif (métal contenant 75 % d'or), mesurant 6,50 m de haut et pesant 32 tonnes chacun.

La forme du pyramidion nous oblige à dire tout de même quelques mots sur la symbolique du triangle quand il est *en quelque sorte une représentation imaginale des métamorphoses de tous les aspects de l'origine.* Pour Pythagore Le triangle signifie la triple nature de la première substance différenciée ou la consubstantialité de l'Esprit manifesté, de la matière, et de l'Univers leur fils. Cette consubstantialité émane du point, le véritable Logos ésotérique , c'est ce que dit aussi hermès Trismégiste.
Cette monade trinitaire est un triangle équilatéral. Le sommet est le UN; non pas le nombre mais l'unité qui est en contact avec le vide, l'Aïn-sof de la gnose hébraïque, le Mystère des Mystères (en ces temps le zéro n'était pas encore inventé). L'unité contient le 2 qui est le premier nombre parce qu'il faut qu'il y ait le 2 pour qu'il y ait soit augmentation, soit division, pour qu'il y ait autre chose et c'est ce **quelque chose d'autre** qui permet de dire que le 2 fonde le 1 qui alors se différencie de l'unité indénombrable. **Avec le 2, le 1 se sépare de l'unité.** *C'est dans la manifestation du commencement que le Un devient le nombre un.*

Auguste va exploiter ces symboles dans le cadre de sa propagande personnelle. En effet, comme le rappelle Valbelle: «Dès le règne d'Auguste, le transport et l'érection à Rome d'un obélisque héliopolitain dédié au dieu soleil associent ces monuments caractéristiques de la religion solaire égyptienne à une théologie solaire intégrée à l'idéologie impériale».

Ses successeurs ne manquèrent pas d'en faire de même. Caracalla fit d'Isis une divinité de l'État romain. Néron, admirateur du despotisme à l'oriental, montra un vif intérêt pour les symboles égyptiens et particulièrement pour les obélisques. Aurélien adopta même le dieu solaire comme dieu suprême de l'Empire. Enfin, Constantin fit lui aussi déplacer des obélisques d'Égypte à Rome. Ornant les places, les temples, les cirques, les bâtiments funéraires, l'obélisque est devenu un élément ornemental incontournable de la Rome antique.

Le monumental de l'obélisque se fait reportage sculpté et prendra place naturellement pour célébrer des évènements marquants d'un règne.

Depuis la nuit des temps, les représentations figurées du Roi dans la capitale, les palais et les châteaux fonctionnent en tant que mise en scène de la monarchie. Signes de puissance qui signalent où réside **l'autorité**, ces signes participent de la représentation politique et de ses avatars.

Comme forme architecturale, la pyramide c'est déjà un vestige. Avant de répondre à quelque fonction que ce soit, avant de témoigner de ce qui a eu lieu où elle s'élève, elle s'offre comme le monument d'elle-même: mémoire de la mémoire ou monument dédié à la mémoire. La pyramide inscrit le lieu dans le lieu, rappelle le lieu à sa mémoire de lieu. D'où la faveur qu'elle connaît chez les architectes placés devant la commande d'un signal urbain.

Cathala en 1790 projette ainsi une place de la Bastille avec une colonne qui "représenterait les événements les plus intéressants du règne de Louis XVI et de la Révolution.

" Les bas-reliefs parleraient de la prise de la Bastille, de l'arrivée du roi et de la reine à Paris, du serment de Sa Majesté sur la Constitution et de l'adhésion des provinces aux décrets de l'Assemblée. Le 13 juillet de la même année, Barère demande que soit décrété un obélisque construit avec les pierres de la Bastille, où l'on graverait les droits de l'Homme, la prise de la Bastille et la Fédération. Une députation d'artistes vient à la tribune en septembre 1791 proposer que soit édifiée une colonne sur le Champ de la Fédération, où seront gravées les conquêtes de la Liberté, tandis que Mangin et Corbet suggèrent de commencer sans plus tarder un monument consacré aux événements de la Révolution, "figurés sous des traits symboliques."

L'obélisque de Port-Said, érigé à la mémoire des martyrs de la ville, se dresse toujours au milieu d'une grande place. Il est planté sur un immense socle de 6 mètres de hauteur orné de bas-reliefs représentant les différentes phases de la lutte populaire contre l'impérialisme: Révolution du 23 juillet 1952, nationalisation de l'ancienne Compagnie du Canal de Suez. Un verset du Coran est gravé sur le socle.

Sous le Directoire (gouvernement de la France de 1795 à 1799), les relations se détériorèrent entre les États-Unis et la France. De 1798 à 1800, il y eut une guerre maritime entre les deux grandes républiques avec, de part et d'autre, des saisies de bateaux marchands. Aussitôt que le pouvoir lui fut confié (décembre 1799), Bonaparte, qui était un admirateur des États-Unis - il avait un buste de George Washingtondans son bureau - travailla à restaurer la paix et l'amitié entre les deux nations. Il invita le Président John Adams à entamer des négociations de paix.

En conséquence, Olivier Ellsworth, William Davie et William Vans-Murray arrivèrent à Paris le 2 avril 1800. Bonaparte put apporter aux négociations tout son bon sens, son esprit de justice et sa volonté de paix et arriver ainsi à un accord qui reçut le titre de «Convention de Mortefontaine» signée le 30 septembre 1800. Deux jours plus tard, le 2 octobre 1800, le Premier Consul donnait une grande fête à Mortefontaine pour le commémorer.

Un obélisque flamboyant, dont le piédestal était orné d'allégories célébrant l'union des Républiques américaine et française, illuminait ses abords.

Comme art investi d'une finalité expressive, l'obélisque en France veut marquer le pouvoir absolu de ses monarques, il veut en scander l'étendue.

Pourtant le culte du roi Louis XIV, malgré la propagande royale organisée par Colbert, n'est pas parvenu à soumettre tous les Français dans une commune adoration de son souverain. C'est que ce culte est tourné en priorité

1 – vers la postérité (d'où l'importance de l'obélisque qui symbolise la renommée éternelle),

2 – vers les classes supérieures (il est bien rare de trouver une statue du roi dans un village de cette nation de paysans),

3 – vers les cours étrangères.

Faim, froid, épidémies, la guerre par surcroît: voilà l'origine des grandes révoltes paysannes de ceux qu'on appelait les Croquants, les Nu-Pieds, les Lustucrus, voilà l'origine du mécontentement qui gronde non seulement chez les protestants, mais aussi chez les proches du roi. Ils se retrouveront en 1793 devant l'obélisque pyramidal de Vaise, pour le détruire parce que cet obélisque affirmait, forcément, tout ce qui vient d'être dit à propos des obélisques.

Il est dit que le franc-maçon se construit comme un temple (de Salomon) ou comme une cathédrale.

Mais, me souvenant de ces vers extraits du *Recueils d'Automne* de Victor Hugo: **Hélas! Plus de grandeur contient plus de néant/ La bombe atteint plutôt l'obélisque géant/ Que la tourelle des colombes**, je me demande s'il ne serait pas plus humble qu'il ne se construise qu'en ruche?[98]

---

[98] Voir le premier chapitre *Ruche, abeille, miel.*

À PROPOS DE L'AUTEUR

Jacques-André éditeur
TU, *Lettres de Passion,* 2001 (Prix Laure de Noves)

Éditions de La Hutte
Pour éclairer le chemin, Une approche philosophique de la Franc-maçonnerie, 2011
Vocabulaire de l'apprenti franc-maçon, 2ème édition, 2012
Vocabulaire du compagnon franc-maçon, 2012
Vocabulaire du maître franc-maçon, 2013
Éléments de tracés avec règle et compas, La concordance maçonnique, 2015
Que signifie tailler sa pierre?, 2015

Éditions ledifice.net
Rassembler ce qui est épars, 2020
Vocabulaire de l'apprenti franc-maçon, 3ème édition, 2020
Vocabulaire du compagnon franc-maçon, 2ème édition, 2021

Éditions Ubik
Il était une fois un mythe, Hiram, 2021
La gestuelle maçonnique, 2021

Numérilivre Éditions
Tracés maçonniques, l'esprit de la géométrie, 2022

Éditions Dervy
Dictionnaire vagabond de la pensée maçonnique, 2017 (**prix littéraire de l'Institut maçonnique de France,** catégorie Essais et Symbolisme)
Franc-maçonnerie. Comment passer du profane au sacré, 2023

Éclairage de la Construction

www.ingramcontent.com/pod-product-compliance
Lightning Source LLC
Chambersburg PA
CBHW012305240726
48656CB00008B/2554